Partnership as a Multiplicator

事业倍增密码

石伟　孙健　金奕　著

中国人民大学出版社
·北京·

前言

　　人的问题，是企业最本质、最复杂的问题。知识经济时代，人力资本的话语权越来越大，人才价值越来越凸显。如何持续调动和激发他们的创造性和活力，成为知识经济时代人才管理的首要问题。传统的雇佣制解决不了人才工作激情、动力问题，越是高级的人才，越难解决这个问题。合伙人制通过员工出资而使其成为企业股东或合伙人，让员工成为自己的"老板"，从根本上解决了企业中人的问题。这是合伙人制大行其道的根本原因。越来越多的企业开始采用合伙人制，无论是华为、阿里巴巴、万科等领军企业，还是步履蹒跚的初创企业，都在采用或计划采用合伙人制。

　　要采用合伙人制，首先需要准确认识合伙人制，第1章阐释了合伙与合伙人制两个重要概念，帮助读者理解什么是合伙人制，指出合伙人制是一种制度内核，可以普遍地适用于各类企业、公司，并创造性地提出了合伙人制的大厦模型，帮助读者清晰、直观地了解合伙人制的全貌。同时，结合当前实际存在的各种合伙人类型和合伙最佳实践，对合伙人制进一步剖析。相信广大读者通过这一章能够理解合伙人制的基本概念。

　　了解了什么是合伙人制，接下来的问题是如何设计和推行，这是第 2 章要阐述的内容。首先，企业需要对合伙人制进行顶层设计，从源头想好为什么要建立合伙人制、合伙人制各项机制的要点及推行策略三大问题，谋定而后动。最高层团队通常是实际控制人（以下简称"实控人"）及其核心团队，需要对这三个问题进行反复思考和讨论，并达成团队共识。这个过程非常重要又极其敏感，依靠内部自发推进难以完成，我们一般建议外部力量介入。顶层设计需要明确合伙人制的治理机制。我们参照常见的公司制治理层级，提出了合伙人制的 5 种定位，方便企业从中选择。其次，我们列明了各项机制（治理、选拔、管理、激励、退出、文化建设等）的设计要点，帮助确定各项机制的框架。例如选拔机制的设计要点是预先明确合伙人分类、分级、规模，接着制定选拔标准和选拔程序。顶层设计做好了，合伙人制就成功了一半。

　　接下来的第 3～8 章，围绕上述 6 项机制分别展开论述。

　　在第 3 章，我们针对合伙人制的 5 种定位，一一阐述其特征、适用条件等，分析什么条件下应该选择哪种定位，以方便企业进行对照和选择。最高一种定位，可以拥有类似股东大会的权限，持有股权的合伙人团队可以决定企业的一切大事；最低一种定位，仅仅相当于一种利润分享机制。企业可以对照并从中选择一种，设计配套的股权、控制权架构和组织体系。很多老板不明白股权和控制权的关系，经常会发生慷慨分配股权导致公司内乱的事情。例如某些捣乱的小股东开又开不掉，天天给老板添堵；又或者一开始股权分配不好，控制权旁落，辛辛苦苦把孩子养大，却叫别人爹。作为企业的顶层设计，股权架构如何设计大有文章，有限合伙、一致行动人协议、投票权委托、AB股计划等都是有力的工具。所有的股权、控制权的设计都要遵循"分利不分权"的原则，确保不出乱子。

在第4章，首先我们旗帜鲜明地提出哪些人适合做合伙人，哪些人不适合做合伙人，帮助企业家做出判断。其次，我们提出了合伙人的分类分级方法，从内外部、层级、性质多角度指出合伙人存在多种划分，各自有不同的定位、功能和标准。例如阿里巴巴的合伙人都是内部合伙人，分为永久合伙人、普通合伙人。然后，针对不同类别和级别的合伙人，我们归纳了寻找到他们的一般方法和渠道，并制定了相应的选拔标准和程序，帮助企业家按图索骥。合伙人很重要，企业家要拥有一双慧眼来识别他们，使出浑身解数找到他们。我们提供了三类标准，帮助企业家来判断是不是合适的合伙人。最后，我们就合伙人入伙、股权分配等提供了参考建议，帮助找到的合伙人顺利入列。

在第5章，我们借鉴业内优秀企业的人才管理实践，对合伙人的日常管理机制做了阐述，包括如何任用、考核、培养、团队建设及监察等，这些机制是使合伙人队伍始终保持活力的必要之举。很多企业在这些方面做得不够，合伙人到了一定资历或层级之后往往就不受制度约束，这对企业的发展非常不利。即使贵为合伙人，企业也要建立一套机制进行管理，就像华为所说，"我们尊重人才，但绝不迁就人才"。这一章所述的机制正是各大企业在对关键人才进行管理时常用的机制，企业家可以借鉴，用于对合伙人队伍的管理。

第6章讲述合伙人激励机制，这是合伙人普遍关心的问题。一提到激励，很多企业家往往想到实股激励，其实这是一种非常片面和不利的激励机制。事实上，对合伙人的激励，实股不是最好的选择，它与合伙人持续奋斗共创的精神相悖。合伙人激励有多种丰富的工具，如虚拟股、期权、TUP、利润分享等。对不同类别、不同层级的合伙人，其激励工具应不一样，在公司发展的不同时期激励工具也有很大不同。这其中有很多窍门，企业家要仔细琢磨，可能需要外部咨询顾问介入，才能把激励作用发挥好。

同样，如何退出也是合伙人普遍关心的问题。第7章强调，合伙人要能持续奋斗，不能继续奋斗的合伙人就应该退出。如何实现有序和动态退出？如何好合好散？这就需要提前设计好退出机制，使其成为全体合伙人的公约。退出机制包括主动退出、自然退出、被动退出三种模式，其中被动退出不是撕破脸，而是更为体面、更容易操作的退出方式。

合伙文化建设机制是很多企业容易忽视的一个问题，针对这一点，我们专设第8章阐述文化建设问题。文化是润物细无声的，看着很虚，但需要做实，我们推荐企业家借鉴华为、阿里巴巴"虚事实做"的做法，通过文化价值观的考核、融入制度、管理者以身作则等方式，将合伙人文化真正落地。

在本书的最后，第9章探讨了如何有效落地推行的策略。我们引用了麦肯锡关于如何推行合伙人制的忠告，指出企业推行合伙人制的常见误区及其对策。合伙人制必须是一把手工程，但即使是一把手工程，要推动这样的变革，可能也很困难。为此，我们介绍了变革大师科特的组织变革模型，帮助企业家更有策略、更有步调地推进这项变革。

本书是全国第一本把合伙讲全讲透的书籍，我们从理论和实践两个维度，综合投行、治理、组织、人才、文化等多个视角，系统全面地介绍了合伙的全貌，这要感谢三位作者的学界、咨询和金融背景。事实上，本书就是合伙的产物。我们要感谢所有服务过和听过课的企业家和高管，是你们启发了我们的思路，完善了本书的框架，并提供了真实的案例场景。

另外，特别鸣谢花伴里集团创始人陈生强先生，驼人集团创始人、董事长王国胜先生，广东嘉宝华医药集团创始人、董事局主席苏攒淘先生，宝时得集团创始人高振东先生，中山市欧帝尔电器总经理赵伟先生，深圳市基业长青咨询服务有限公司首席顾问吴建国先生，中国人民大学出版社谷广阔编辑，为本书的成稿提供了多方面的帮助。

最后，为了保证本书的学术旨趣，北京师范大学蔡子君老师审校了第 1~5 章，西南财金大学陈佩老师审校了第 6~9 章，在此向他们表示感谢！

欢迎读者朋友们与我们交流沟通，邮箱：40655889@qq.com，微信：andysun668。

目录

第 1 章

合伙的基础介绍

1.1 什么是合伙

1.1.1 合伙的起源与发展

合伙制最早出现在公元前 3 世纪的古罗马，人们通过契约形成了两人以上"相约出资、共同经营、共享利益、共担风险"的合同，合伙制度基本成型。中世纪时期，此概念进一步发展，被用来控制海运贸易的高风险。2007 年《中华人民共和国合伙企业法》确立了我国合伙制的法律基础。

现代合伙制常见于知识型组织，如投资银行、咨询公司、律师事务所等。这类组织是以知识型人才支持为主的企业，合伙制协调统一了资本和知识的关系，资产持有者和知识持有者平等参与经营和剩余价值分割，而不再是雇佣关系。世界知名咨询公司麦肯锡从成立之初便确立了合伙制，至今已经 90 多年。世界知名的投资银行高盛在 1869 年创立之初就采取了合伙制，这项制度设计保证了高盛的基业长盛不衰，直到今天还屹立在世界金融之巅。目前高盛在全球有 400～500 名合伙人。

合伙制是一个法律概念，指的是一种基本的商事组织形式。借鉴合伙制特点，由合伙人主要实施企业治理、经营并获取收益的管理机制，我们称为合伙人制，它具有广泛的适用性，可用于合伙制、公司制等各种类型的企业。

在当前的新经济时代，人力资本越来越重要，企业越来越注重激发个体效率和创新，传统企业也开始重视人才个体的价值，积极采用合伙人制度，以股权激励等方式提高核心人才的责任感和参与度。大家耳熟能详的阿里巴巴、华为、万科、小米等领先企业纷纷采用合伙人制，一大批传统企业也纷纷向合伙人制转型。无论是传统的制造行业，还是较为时髦的科技行业，无论是天然适合合伙的知识型企业，还是重资本的房地产企业，都不约而同地转向了合伙人制。合伙人机制已经成为一种管理热潮，这是时代进步的必然，是产业发展到这个阶段的必然，是人类社会发展到这个历史阶段的必然，是社会分工和价值分配的一次伟大的升级，是知识劳动者史无前例地被推到产业发展历史舞台的一次历史性进步。

合伙人制度会逐渐成为管理模式的主流，成为所有企业普遍追寻的管理真理，成为一种新的商业文明。传统企业是资本主导，类似于资本主义，而在新时代的企业，人力资本逐渐占据主导地位（见图 1-1），相当于"人本主义"，它必将替代资本主义。合伙人制是这个时代发展走向的必然结果，即人力资本在整个企业经营当中越来越重要，企业必然走向"智合"，再联合"资合"，形成企业基本的治理逻辑。它不是一时的热潮，定会逐渐成为管理模式的主流，成为企业普遍追寻的管理真理而被大范围应用。到目前为止，我们还没有看到更有效的模式，能够像合伙人制那样激发每个人才的活力，激发每个主体（人或机构）为自己同时也为企业奋斗的动能。它将具有长久的生命力。

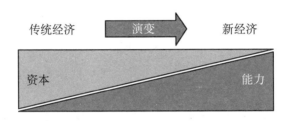

图 1-1　新经济下，人力资本越来越占据主导地位

未来将不再有公司，只有平台；未来没有老板，只有创业领袖；未来不会有员工，只有合伙人。亚马逊集团董事会主席兼 CEO 贝佐斯在分享他的商业感悟时表示，过去受限于团队合作才能完成的服务，现在可以找到合伙人一起完成；过去受限于市场规模不能做成的特色小生意，现在可以利用互联网找到精准客户；过去受限于信息障碍不能满足的个性化需求，现在能利用互联网找到生产者。贝佐斯精准地阐述了未来的商业模式，那就是"合伙人＋平台"。

1.1.2　合伙为何越来越盛行

合伙越来越盛行的最根本的原因是合伙人制更加顺应时代的需要，它能够解决公司制等不能解决的问题。

合伙人制能够大行其道，源于以下三方面的大背景。

1. 创新和人才驱动发展呼唤合伙人制

经过近几年经济增长方式的结构性转型升级，中国经济逐步进入创新驱动、人才驱动的新发展阶段，从单一追求 GDP 规模增长转向质量驱动发展，从资源与外向拉动转变为内生式创新与人才驱动。

创新与人才驱动的背后，实质上是创新性人才和创业者驱动。要使得大量创新与创业型人才脱颖而出，企业就必须找到一种战略动力机制，鼓励创新创业，在这种机制下知识创新者能脱颖而出，创业者能开拓奋斗。而合伙人制正是这样一种非常有效的战略动力机制。

对于吸引、激励、培养和保留创新性人才，对于激发企业内部的创新创业激情，合伙人制是一种最好的制度安排。合伙人制主要面向满脑子新思维的创新者和具有企业家精神的创业者，他们是激励企业发展的关键少数。就像乔布斯所说，"我过去常常认为一位出色的人才能顶两名平庸的员工，现在我认为能顶 50 名。我把大约 1/4 的时间用于招募人才。"因此，企业应把主要精力用于激励那些能够引领创新创业的领军人才，也就是关键少数，而不是采用普惠制激励所有员工。

合伙人制是企业的一种针对创新创业者的内部战略性动力机制安排，合伙人制企业首先要选对合伙人。选对人可能比培养人更重要，企业要辨别真正具有创新创业精神者，要么是有创新意识和创新能力的人，要么是能去开拓一番事业、独当一面的人，这两类人是最适合合伙机制的。产品创新、机制创新都是创新，能从 0 到 1 把产品设计出来的创新者，或者能够从 1 到 100，开拓一个市场、独立承担经营责任的准企业家，都是企业合伙人制要找的人。

合伙人制推动创新驱动发展、人才驱动发展，从这个角度来讲，合伙人制是中国企业创新驱动、寻找新动能的一种战略选择，是一种战略动力机制。从时代大背景的角度来讲，合伙人制是大势所趋。很多企业喊出"像找钱/找地一样招人"的口号，把关键人才的获取看作是重大投资并购，这是非常明智的做法。

未来企业需要有产业生态思维，在社会化网络协同生态中找到企业的战略定位，必须要有全产业布局、资源配置与运营的战略思维，能够开放地整合人才，不求为我所有，但求为我所用。合伙人制是实现生态战略的有效机制。第一，它可以整合人才，开放地整合创新型人才、具有企业家精神的人才。第二，它可以打破组织边界，以合伙人制整合产业生态，发展外部渠道合伙人、生态合伙人，所以合伙人制不仅仅局限于企业，也是一种打通上下游、跨界整合资源的制度安排。第三，有利于产业生态的形成，可以通过跨界合作和合伙人制连接更多的资源。

2. 未来组织模式适合合伙人制

从组织层面来讲，未来的组织更加开放和社会化，不再封闭。平台化＋创客化的组织是未来的趋势，合伙人制与这种组织变革趋势密切相关，它不仅适合内部的创新创业，也适合外部的连接资源，通过合伙人制可以连接更多的创业者、创业企业。

合伙人制可以在企业内部形成各种各样的人才聚合体，打造分布式经营。企业不再以一个人为中心，而是去中心化的分布式、多中心的组织。像华为遍布全球的铁三角团队、万科的几百个地产合伙项目、温氏遍布全国的家庭农场，每个分布式经营体的责任承担者就是合伙人。也就是说，在平台化＋创客化这种组织模式下，平台的作用更多的是赋能，提供支持帮助，每个分布式的自主经营体的责任人就是一个合伙人。这种模式看上去很多东西是散的，实际上却是密切相关、相依相生的，因为是平台化组织＋分布式生产，所以需要通过连接更多的企业和创业者形成生态。

平台化＋创客化的生态型组织通过人才合伙的动力机制，可以突破国家、行业、企业的边界，真正实现跨界的生态资源与人才资源连接，通过连接创造价值的裂变，实现倍增。

3. 人力资本价值凸显呼唤合伙人制

数字经济时代最本质的特征是创新，人是创新创业的主体，创新就是要调动人的内在潜能，激发创新创业的激情，真正回归到人本主义，真正回归到人的价值。

而合伙人制恰恰是激发人的创新创造潜能、回归人的价值的最重要的体现。因为合伙人制本质上是一种"智合"，它首先体现为智能合作与权利分享，权利分享包括剩余价值索取权的分享和对企业的经营决策有话语权。海尔搞自主经营体是基于"人是目的不是工具"，人最重要的是要有尊严，要有成就感，而合伙人制是真正激发人的价值创造，呼唤人的创新创业精神，承认人的价值，给人提供价值回报的最好方式。合伙人制通过"智合"与"资合"的连接，让个体融入组织、融入共同的事业，在平台上聚合和放大个体的价值，使个体得到充分的尊重并获得成就感。

以上三个方面的变化都在呼唤合伙人制，当然最根本的变化是需求变了。无论是战略、组织还是人，企业的一切变化都要回归到对客户需求的理解。企业经营围绕消费者在变，围绕人在变，这样都回归到人本。基于这样的大背景，合伙人制作为一种真正回归到人本、回归到价值的机制应运而生。合伙人制是一种全新的商业文明，是一种新的公司治理模式，是一种事业成长的内在战略性动力机制、新的人才动力机制。

合伙人制的盛行，还在于它能解决传统商事组织（主要是公司制）存在的问题。

理论界研究发现，公司制存在四个内在缺陷（见图 1-2）。

图 1-2　公司制的四大内在缺陷

公司制产生于 17 世纪，到 19 世纪已经非常成熟，职业经理人制度在 19 世纪出现。目前公司制仍有内在缺陷，其中一些缺陷正是合伙人制试图解决的。

第一个要解决的是利益冲突问题。企业做的事情是交易，而交易必然会产生利益分配上的冲突，可能会对企业造成非常大的影响。比如，实施职业经理人制度的公司，常常出现劳资冲突、同事矛盾。平时说得非常好，要共建大业，但真正分钱的时候往往出现问题。

第二个要解决的是委托代理问题。现代企业的所有权和经营权几乎都是分离的，或者说只要是大一点的企业，这两者肯定是分离的。企业要雇职业经理人，经营权和所有权一定会出现分离，这时就会出现股东代理的问题。

股东与职业经理人之间不可能做到利益和行动完全一致。对职业经理人来说，公司由他来代理，但并不是在给自己赚钱，没有理由舍生忘死地付出全部的智慧和时间，所以职业经理人最终往往会倾向于不冒险，而不冒险意味着这个企业可能会变得越来越沉闷，变得缺少创新的可能性。而股东并不真正管理公司，这时企业决策就会出现很大的问题，尤其是当环境变得高度不确定、高度模糊时，企业内部的委托代理问题，即经营权和管理权的分离问题，就会日益彰显。

第三个要解决的是激励失效问题。为了解决委托代理问题，企业主想到了股权激励，它在某种程度上能够缓解这个问题，但并不是真正意义上的终极解决之道。

股权激励的对象即拿到激励股票的人，他们并不是永恒的，但他们获得的股权是永恒的，这二者之间就会有矛盾。用任正非的话说，这些人无法做到持续奋斗，就不能"以奋斗者为本"。这些人会退休，他们可能会把股权卖掉，还可能因为离婚把股票转让出去，而在这之后，不管是退休的人，还是这个人的子女或前妻，他们没有把企业做好的能力，或者根本不在这家企业里效力。这样就导致其他股东和经理人拼命奋斗是给这些人打工，造成他们心理不平衡。因此，在任何一家公司的股权激励中，股东都不可能把大部分股权交到职业经理人手上。

第四个要解决的是大企业病。企业做大之后，金字塔结构或者说科层结构里面的层级会越来越多，层级和层级之间信息不对称的问题就会出现。比如，所有的上司都不会比他的下属本人更了解其是否在努力工作，那么你为了了解每个人的情况，就要在每个员工背后配一个主管，在每个主管背后配一个经理，在每个经理的背后配一个总监，在每个总监背后配一个CEO，在每个CEO背后配一个董事长。当信息不对称存在时，这个企业就一定会有大企业病。

今日头条 CEO 张一鸣非常反对这种层层监控、信息集中的管理体制，他认为公司需要转变管理模式，从控制管理模式转变为情境管理模式。张一鸣称之为"Context，not Control"。Context 是指为每一个人提供决策需要的所有信息，包括原则、市场环境、业务优先级等，让他基于所处情境和上下文自主决策；Control 是指通过自上而下的流程、审批等来管理。他打了个比方，一种是超级计算机，一台计算机处理很多任务；另一种是分布式运算、任务分解，很多机器同时处理任务。前一种是公司制，后一种是合伙人制。

合伙人制可以解决公司制的缺陷。

一是利益冲突问题如何破解：用事业而非利润连接团队。解决之道就是回到人性，要面对的问题是：人仅仅是一种功利动物吗？企业仅仅是一个营利性组织吗？

很多人将企业定义为一种营利性组织，也就是说企业是为了赚钱而存在的。这个回答是错的，赚钱不应该成为企业的唯一目的。《基业长青》一书里列举的百年老店最大的共同点是，创始团队并没有把赚钱放在第一位，它们通常把让世界变得更好放到第一位。

一个基业长青的企业总是以创造更大的社会价值为己任，而非追求简单的利润。同样，个人也不仅仅为利益而存在。人是需要点精神的，是要有追求的。如果树立远大的事业理想，你就能吸引一批有追求的人，他们早已过了追逐利益的阶段，需要在精神层面成就自我。因共同的使命和理想而连接在一起，这样的团队将具有无比的凝聚力。"以利相交，利尽则散；以势相交，势败则倾；以权相交，权失则弃；以情相交，情断则伤；唯以心相交，方能成其久远。"只有以共同的理想和使命连接在一起的队伍才有可能一直走下去，才能更好地解决利益冲突问题。

　　二是委托代理问题如何破解：合伙人比股东更劣后。合伙人理念简单来说是八个字：共识、共创、共担、共享。合伙人与职业经理人的区别主要体现在"共创、共担、共享"这六个字中。其中最重要的是"共担"，它要回答合伙人和投资人谁优先谁劣后的问题。

　　在公司制中，企业所有的权力属于股东大会，股东大会聘请董事会，董事会聘请高管，高管聘请下面的员工，这是一个金字塔结构。为什么企业由原来的金字塔科层结构转向一个所谓的共生关系的结构会这么困难？因为在公司制下，股东是劣后方，因此他最有资格站在塔尖，公司亏损的时候是股东在承担损失，公司破产的时候是股东在兜底，因此最大权力应该属于股东。但是股东常常不可能具体地管理公司，这就是经营权和管理权分离产生的矛盾。要解决这个问题，必须要让真正在企业里面做事情、真正决定企业成败的人站到比股东更劣后的位置上去，这些人就叫合伙人。

　　合伙人比股东更劣后，这是合伙人制度的本质所在，如果不满足这点就不是真正的合伙人制。图1-3是合伙人制的核心原理。

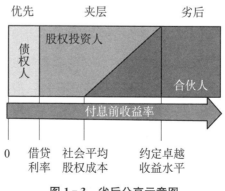

图1-3　劣后分享示意图

扣除利息之后的利润归股东所有，合伙人制度首先给股东一个股权成本，即社会平均的股权收益水平，在这个水平以下的收益全部归股东，即股权投资人；超出社会平均股权成本之上，股东和合伙人约定一个卓越的收益水平，在这之上的部分主要归主要合伙人，中间的部分由双方来分享，分享的原则是越靠近低收益端，股东分得越多，越靠近高收益端，合伙人分得越多。

只有这样，把合伙人放到股东更劣后的位置上，才能解决经营权和管理权分离的问题。

经济学上对于如何保证公平有一条原理：先分者后拿。意思是主持价值分配的人，应该最后拿，这样才能保证公平。例如两个人分蛋糕，切蛋糕的那个人切好蛋糕后，要让另外一个人先拿，自己后拿，这样才能保证蛋糕切得均匀。这种机制能够保证企业持续发展。同样在合伙人制中，合伙人掌握了企业的分配权，如果他不承担最劣后的责任，合伙人制就没法持续下去。

三是激励失效问题如何破解：事业合伙人动态退出。合伙人激励与股权激励的区别在于，如果你已经不在这家企业奋斗，如果你已经不再为企业创造价值，你就应该退出。股权是不能退出的，除非卖掉或者转给别人，但是合伙人的份额和权益在退休或离职时必须退出。股权应该掌握在真正关心企业发展、能为企业创造价值的合伙人手中，而不应该流落到外边不相干的人手中。真正的合伙企业是不欢迎外部股东的。合伙人制度不制造新的股东，它仅对在企业里真正工作奋斗的人有效，这是事业合伙人制优于股权激励的原因所在。

四是大企业病问题如何破解：合伙人共治/合弄。传统的金字塔结构纵向基于层级、横向基于职能而建立，这会带来大企业病。

合弄制则是基于任务而建立，每个具体的任务团队都是临时组合的，一旦完成任务便就地解散。这种流动的组织形态可以最大限度地避免传统的大企业病。合弄制强调每个人都承担多种角色，角色是动态的，每个角色都要清晰定义，角色之间的边界要清楚。在这个基础上，每个角色承担者都没有上级，他需要发挥自己的潜力去解决工作中不断出现的问题。角色承担者是角色的主人，在不伤害组织整体利益和其他角色利益的情况下，可以自主地在角色职权范围内做出决策。

这种生态组织的成立必须有基础制度保障，即能够做到任务灵活调度、团队自由组合、高度主动协同，这是传统金字塔组织难以做到的。必须从整体制度上把企业的组织结构转化为一种新的结构，原有的职业经理人制度无法做到这一点，只有事业合伙人制度才能实现，因为事业合伙人制不是基于简单的利益关系，而是基于共同的使命和理想。

1.1.3　何为合伙企业

合伙企业是一个法律概念，是指自然人、法人和其他组织依照《中华人民共和国合伙企业法》在中国境内设立的，由两个或两个以上的自然人通过订立合伙协议，共同出资经营、共负盈亏、共担风险的企业组织形式。

合伙企业是法律意义上的一种商事组织形式，与之并列的还有个人、法人组织（见表1-1）。个人商事主体一般注册为个人独资企业，法人主体一般有（个人或国资）独资公司、有限责任公司、股份有限公司三种类型。

表1-1　商事主体的类型

类型	具体分类	责任类型
个人	·个人独资企业	·无限责任
合伙	·普通合伙 ·特殊普通合伙 ·有限合伙	·普通合伙人（GP）无限责任 ·有限合伙人（LP）有限责任
法人	·独资公司（个人或国资） ·有限责任公司（2~50名股东） ·股份有限公司（2~N名股东）	·股东为有限责任 ·具有法人地位

为什么会存在合伙企业这样一种商事组织？因为这种企业理论上是完全的人力资本主导，财务资本基本没有话语权。它的收入来源于各合伙人的劳动，一般不需要外部融资，因此基本没出钱不出力的外部股东。即使需要融资，也是以债务融资为主。

合伙企业一般无法人资格，不缴纳企业所得税，缴纳个人所得税。类型有普通合伙企业和有限合伙企业，其中普通合伙企业又包含特殊的普通合伙企业。

（1）普通合伙企业由2人以上的普通合伙人（没有上限规定）组成。普通合伙企业中，合伙人对合伙企业债务承担无限连带责任。特殊的普通合伙企业中，一个合伙人或数个合伙人在执业活动中因故意或者重大过失造成合伙企业债务的，应当承担无限责任或者无限连带责任，其他合伙人则仅以其在合伙企业中的财产份额为限承担有限责任。律师事务所、咨询公司如果采取合伙人制，可以考虑此架构。

（2）有限合伙企业由2人以上50人以下的普通合伙人和有限合伙人组成，其中普通合伙人和有限合伙人都至少有1人。普通合伙人对合伙企业债务承担无限连带责任，有限合伙人以其认缴的出资额为限对合伙企业债务承担有限责任。有限合伙现在多用于股权激励。

合伙企业的特征如下：

一是生命有限。合伙企业比较容易设立和解散。合伙人签订了合伙协议，就宣告合伙企业的成立。新合伙人的加入及旧合伙人的退休、死亡、自愿清算、破产清算等均可造成原合伙企业的解散以及新合伙企业的成立。

二是责任无限。合伙组织作为一个整体对债权人承担无限责任。按照合伙人对合伙企业的责任，合伙企业可分为普通合伙和有限合伙。普通合伙的合伙人均为普通合伙人，对合伙企业的债务承担无限连带责任。例如，甲、乙、丙三人成立的合伙企业破产时，当甲、乙已无个人资产抵偿企业所欠债务时，即使丙已依约还清应分摊的债务，仍有义务用其个人财产为甲、乙两人付清所欠的应分摊的合伙债务，当然此时丙对甲、乙拥有财产追索权。如果是特殊的普通合伙，则只有某些特定合伙人承担无限责任。有限责任合伙企业由一个或几个普通合伙人和一个或几个有限合伙人组成，即合伙人中至少有一个人要对企业的经营活动承担无限责任，而其他合伙人只能以其出资额为限对债务承担有限责任，因而这类合伙人一般不直接参与企业经营管理活动。

三是相互代理。合伙企业的经营活动由合伙人共同决定，合伙人有执行和监督的权利。合伙人可以推举负责人，合伙负责人和其他人员的经营活动由全体合伙人承担民事责任。换言之，每个合伙人代表合伙企业所发生的经济行为对所有合伙人均有约束力。因此，合伙人之间较易发生纠纷。

四是财产共有。合伙人投入的财产由合伙人统一管理和使用，不经其他合伙人同意，任何一位合伙人不得将合伙财产挪为他用。只提供劳务、不提供资本的合伙人仅有权分享一部分利润，而无权分享合伙财产。

五是利益共享。合伙企业在生产经营活动中所取得、积累的财产，归合伙人共有。如有亏损亦由合伙人共同承担。损益分配的比例应在合伙协议中明确规定；未经规定的可按合伙人出资比例分摊，或平均分摊。以劳务抵作资本的合伙人，除另有规定者外，一般不分摊损失。

1.1.4　合伙的两大理论基础

合伙人机制的一个理论基础是"长板理论"，即把自己的长项（核心优势，如技术、市场、产能、资源等）发挥到极致，形成不可或缺的稀缺性，用自己的长板去寻找其他长板，形成更大的木桶，装更多的水，并根据分配机制进行价值的共享。因此，合伙人制特别强调能力互补。

"木桶原理"和"短板理论"是错误的，在那个系统封闭的时代，因为没有产业生态，不能很容易地整合资源，所以每个企业必须去弥补自己的短板。但是，互联网时代是以产业生态为核心、以整个产业集群为核心的时代，是一个开放的时代。在这个时代下，所谓的"长板"就是不同企业的核心资源，它们相对容易组合。"木桶的箍"也发生了改变，包括股权结构、基金结构和战略合作机制。在开放的环境中，一定要让每个人发挥自己的长板，才能达到 $1+1>3$ 的效果。

当代的公司只需要有一块足够长的长板，以及一个有"完整的桶"的意识的管理者，就可以通过合作的方式补齐自己的短板（见

图 1-4）。

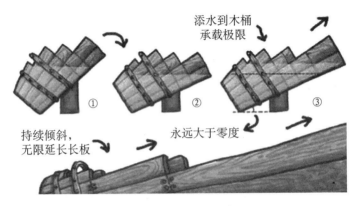

图 1-4　长板理论示意图

在产业互联网时代，传统意义上的线性价值链瓦解，各价值要素重组成平台化的价值网络。新产业结构之下，行业边界的划分让位于场景区隔。组织模式也不再是传统的企业和雇员，而是平台与创客。

产业结构也将发生变化，横向按照场景切分成一个一个的社群，纵向按照功能聚合为一层一层的平台。终极状态下，大多数行业都将变成"平台＋创客"的协作模式。"要么生态，要么融入生态"成为行业竞争的显规则。作为企业家，首先要清楚企业到底需要什么样的长板，然后开放地去寻找和整合相应的长板，形成一个更大的木桶。

合伙人机制的另一个理论基础是人力资本的重要性正在超越财务资本。过去，财务资本是比较稀缺的资源，支配力更大，现在情况发生了变化。过去资本雇佣人才，现在和未来是人才雇佣资本。人才会起到更主导的作用，人才创造的价值更大。资本需要附着在人才身上，才能够保值增值。尤其是在移动互联时代，人力资本日益成为企业价值创造的主导要素。这其中有一个进化的过程。

从亚当·斯密开始，经济学家、管理学家就在探索企业的价值到底是由谁创造的问题。亚当·斯密提出土地、资本、劳动，后来研究者又加上企业家要素。华为等一大批新经济企业崛起，它们的价值创造要素是什么？我们认为是知识创新者。

在互联网时代，企业价值创造的要素发生了深刻的变化，尤其是知识创新者和企业家日益成为企业价值创造的主导要素，这改变了过去资本和劳动之间的博弈关系。原来是资本雇佣劳动，而新经济时代是知识在雇佣劳动，劳动在雇佣资本（见图 1-5）。在知识创新者和企业家与资本博弈的过程中，人力资本越来越占据主导地位。

图 1-5　能力、资本合伙示意图

这个时代是人力资本和货币资本共创价值、共享价值的时代，在企业实践中已经形成了鲜明特点。比如：

（1）华为模式。《华为基本法》提出了知本论，从资本论到知本论，其实就是强调资本和劳动之间是相互雇佣的关系。正是这种相互雇佣，体现出人力资本价值创造的作用。华为的虚拟股权制（利润分享制）是典型代表，华为公司 86% 的员工拥有 96% 的收益权，实现了共同致富。在华为，任正非持股 1% 左右，在某种意义上他也是人力资本。所以说是知识在雇佣资本，劳动与资本一样具有剩余价值分配权。

（2）阿里巴巴模式。阿里巴巴的股权结构中，马云只占7.74％，阿里控制在人力资本（马云及其合伙人）手中。这是因为美国的资本市场认可同股不同权，企业人力资本具有比货币资本更大的经营所有权和管理权。这种合伙人制本质上是一种高端人才共同致富的制度，所以能够造就阿里巴巴的8位亿万富翁，50位千万富翁，240位百万富翁。

由上述案例，我们归纳出人力资本价值时代的四个典型特征：

（1）人力资本成为企业价值创造的主导要素。人才雇佣资本，构建以人力资本为核心的企业价值创造机制（责、权、利、能），形成企业合伙人。

（2）人力资本与货币资本共创共享企业价值增值。人力资本真正成为企业的价值创造要素，具有对剩余价值的索取权。

（3）人力资本不仅分享利润而且参与企业决策。同股不同权，人力资本拥有超越货币资本的经营权和话语权。

（4）资本和劳动之间是平等关系。这并不是在否定资本的作用，而是已经形成了劳资双方基于价值平衡的薪酬分配关系。

人力资本价值时代带来革命性的变化，企业要解决收入分配问题，就要让劳动者参与企业的利润分享，让劳动者参与企业的决策。过去的薪酬是老板说了算、资本说了算，未来则是基于劳资价值平衡的一种分配体系。应该说人力资本合同制度与劳动资本合同制度是深层次解决收入分配问题最重要的一种手段和方式。

1.1.5　合伙的四个基本内涵

商业文明早期，资本极端贪婪。随着社会的发展进步，互联网时代强调的不再是资本之间的角逐，而是以共赢为最终目标的资源共享、人力共创。共赢成为新兴商业文明的核心要素，它并不是一个单一的概念，而是由多个模式组合起来的概念。具体来说，共赢至少包含四个层面的内容：共识、共创、共担、共享（"四共"）。

（1）共识：合伙人一定要有战略共识，有共同的使命和价值观。道不同不相为谋，要合伙，首先要解决"道同"的问题，只有"道同"才能减少企业内部交易成本，才能真正建立起信任机制。自由、平等、开放的价值观是平台得以建立的基础。如果老板依然想当"帝王"，那么，不论如何以平台的名义变革，最终都会在原地踏步。老板一定要改变观念，实现从"企业家的企业"到"企业的企业家"的转变，这样才能做到抱团打天下。这类合伙人制需要更强的文化纽带和长期承诺，而不仅仅是短期承诺。

（2）共创：在平台型组织中，每个合伙人要发挥自身的能力，调动自己的资源，共同创造价值。共创强调能力的互补，相互协同，发挥 1+1>3 的效果。

（3）共担：就是共担风险，共担责任。过去理解的合伙人制，合伙人有可能只出力不出钱，而真正的合伙人制，合伙人既要出钱又要出力还要出资源。共担是合伙的核心，如果合伙人连基本的责任都不能共同承担，基本的资源都不愿意提供，那他就不是一个完整的合伙人。

（4）共享：就是剩余价值共享、信息与知识共享、资源与智慧共享，不是简单的利益共享。

只要能实现上述四个内涵，我们就可以认定为合伙。刘永好说："什么是合伙？只要实现了共识、共创、共担、共享，就是合伙！"这个理解是很到位的（见图 1-6）。万科作为地产界合伙的先行者，将合伙的内涵升华了，如图 1-7 所示。

图 1-6　合伙的内涵

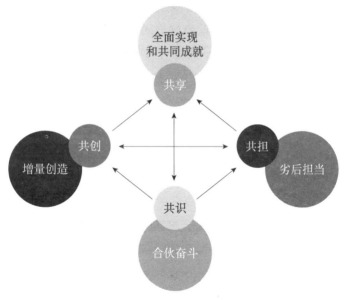

图 1-7　万科对合伙内涵的升华

万科认为，合伙奋斗是对事业合伙人的基本要求；增量创造是保证事业合伙人制的最重要的条件；劣后担当是万科事业合伙人制区别于其他企业制度最鲜明的核心特征；而全面实现和共同成就必将是自然结果，让利益相关方价值得以实现。万科的事业合伙人制讲求"园丁"精神，将收获置于后端；讲求担当机制，在共创、共享的基础上还需要共担，让管理团队与股东共同分担风险、承受失败的后果。也就是说，让企业的管理者变成比股东更劣后的收益分配人。

"四共"中共识是前提，有了共识才可能有后续的共创共担。资源的投入更多是共担，而人力的投入更多是共创，最后才是共享。"四共"中共担是重点，合伙人机制中共担是前提，也最为重要，如果没有共担，不管是股权激励还是薪酬都会失败。

某家企业曾经尝试把自己的研发部门和营销部门做成一个孵化器。各个团队分别制定了宏大的商业计划：这个说未来几年，第一年能利润达到1 000万元，第二年5 000万元，第三年1个亿；那个说今年能达到8 000万元，明年到多少，后年到多少，然后要求占到合资公司的多少股权。老板很高兴，说把这几个公司加起来就会变成一个千亿市值的公司。然后他对团队说，给大家一个机制，比如你跟公司50对50的股权比例，你出100万元，公司按1∶2出200万元。公司出200万才占50%的股权，你出100万元占50%的股权，敢不敢干？结果没有一个人应声。老板接着降低比例到1∶3和1∶4，提出如果你没有钱，老板把钱借给你，你拿房子做抵押，敢不敢干？最后只有一个团队敢干。

由此可见共担的重要性。能够创造那么好的经营业绩，为什么不愿意出这点钱？所有人想的是赚了钱，我跟公司一起赚，亏了钱，公司自己来亏，这绝对不是合伙人机制。合伙人机制要以共担为前提，风险与挑战并存，投入与机遇同在。过了这一关的合伙人才真正叫合伙人，合伙人机制才能成功。合伙人如果不能承担最终的劣后责任，就不是真正的合伙人，充其量只是一个投机者。

既有共担的意愿，又有共担的能力，才是合格的合伙人，二者缺一不可。

合伙人实质上是在雇员队伍中建立起企业家的群体。这群人有共同的理念、共同的价值观，有共同的追求，为了一个共同的目标而奋斗。

从建立合伙人机制的各家公司来看，它们都希望达到一个目的——建立一支共担责任、共享价值的团队。阿里巴巴、万科也好，华为也好，所有的制度安排都围绕这一点进行。

阿里巴巴要求候选人在任命前拥有一定的公司股份。从成为合伙人之日起 3 年内，其必须至少保留成为合伙人时所持股权的60％。3 年之后，如果仍是合伙人身份，其必须至少保留成为合伙人时所持股权的 40％。万科强调合伙人要与股东捆绑在一起，共同持有万科股票，风险共担。在合伙人机制设计上，公司高管被要求出资一定数额购买公司股票，以确保高管层和公司发展利益的绑定。在项目跟投制度中，要求项目所在一线公司管理层和该项目管理人员必须跟投，其他员工自愿参与。华为员工的收入包括工资、奖金和股票三部分，大体各占 1/3。职级越高，股票部分的占比就越大。华为股票需要员工出资（年终奖金和贷款）购买，从而形成利益绑定。

1.2　什么是合伙人制

顾名思义，合伙人制就是借鉴合伙企业的管理模式，将资本、技术、智力等价值创造方有效协同，实现共识、共创、共担、共享的一种管理体制。它是一个管理概念。合伙人制包括合伙人治理、选拔、管理、激励、退出五大机制，贯穿合伙人全生命周期。

1.2.1　合伙人制的大厦模型

以一座大厦来描述的话，合伙人制呈现出如图 1-8 所示的结构。

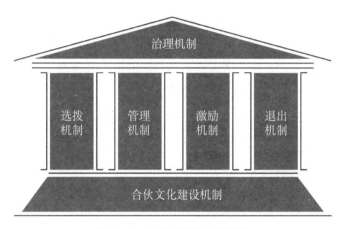

图 1-8　合伙人制的大厦模型

（1）顶层是合伙人治理机制：包括对合伙人在企业治理中的定位、合伙人总体权限、合伙人与企业实控人、股东、经营层的关系。合伙人制不仅仅是激励机制，它更应该是企业的顶层治理机制，即合伙人像股东一样享有对企业的治理权，至少比职业经理人享有更大的治理权。合伙人组织依照章程或者股东权利让渡协议，行使企业治理、经营决策等重大权利，享有相应的权限，并为此承担责任。只有如此才能打造责权对等的治理架构，让更有能力、更负责的合伙人充分发挥作用。

（2）中间是合伙人管理的四大机制。

①选拔机制：指选拔什么样的人作为合伙人，以什么样的程序和方法选拔，选拔之后如何入伙等。

②管理机制：指对合伙人及其组织的管理机制，包括合伙人任用、动态考核、监察等。

③激励机制：指对合伙人实施的考核、薪酬及职业发展激励，其中考核是包括能力、业绩、价值观三个维度的综合性考核，薪酬激励一般指股权激励、增值分红权等长期激励。

④退出机制：指合伙人退出条件、退出模式及退出补偿等。退出机制是保证合伙人队伍活力的重要手段。

（3）底层是合伙文化建设机制：包括文化理念提炼、文化宣导、制度审查、文化考核等。

1.2.2　对合伙人制的正确理解

企业合伙人制不是简单的激励手段，而是构建新的商业文明，涉及企业战略转型、企业治理体系的优化，也涉及业务模式创新、组织和人的关系重构以及组织变革（详见中国人民大学周禹教授提出的新商业文明图，即图1-9）。

（1）战略文明——走向生态战略观。战略思维要改变，要逐步从单一的竞争战略观走向生态战略观。当前企业单打独斗不再现实，你要么成为一个生态，要么加入一个生态，成为它的一部分。因此，对单个企业来讲，一方面要打造核心能力优势，一方面要建立生态优势。另外，企业内部价值链上的每一环都要合作共生，打通产业价值链，实现价值链有效运作，企业内部采用平台化模式。同时，企业的内在战略驱动力必须从过去的劳动密集型驱动、粗放

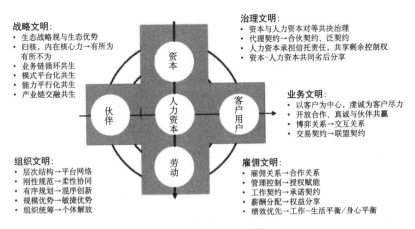

战略文明：
• 生态战略观与生态优势
• 归核，内在核心力→有所为有所不为
• 业务链循环共生
• 模式平台化共生
• 能力平行化共生
• 产业链交融共生

治理文明：
• 资本与人力资本对等共决治理
• 代理契约→合伙契约、泛契约
• 人力资本承担信托责任，共享剩余控制权
• 资本-人力资本共同劣后分享

业务文明：
• 以客户为中心，虔诚为客户尽力
• 开放合作、真诚与伙伴共赢
• 博弈关系→交互关系
• 交易契约→联盟契约

组织文明：
• 层次结构→平台网络
• 刚性规范→柔性协同
• 有序规划→混序创新
• 规模优势→敏捷优势
• 组织统筹→个体解放

雇佣文明：
• 雇佣关系→合作关系
• 管理控制→授权赋能
• 工作契约→承诺契约
• 薪酬分配→权益分享
• 绩效优先→工作-生活平衡/身心平衡

图1-9　新商业文明

资源型驱动，真正走向创新与人力资本驱动，驱动因素必须要变。

（2）治理文明——平等共治的治理关系。过去企业治理主要谁说了算？资本说了算。现在，资本和人力资本是平等共治的关系。过去是委托代理契约，现在是合伙契约、泛契约。过去人力资本承担代理责任，忠实执行资本的意志，现在不再仅仅是执行的角色，还要参与企业经营决策，乃至治理决策，人力资本的话语权日益增大，甚至超过资本话语权，而且人力资本越来越走向劣后分享。

（3）业务文明——以客户为中心，开放合作。企业的各项业务必须要独立核算、价值驱动，前台和后台都实现独立核算。企业越来越重视价值驱动，纷纷以价值为纲。整个业务体系，尤其是营销模式，要真正做到以客户为中心，开放合作，跟合作伙伴之间不再是简单的竞争关系和交易关系，可能是竞合关系，也可能是联盟契约关系。后台部门越来越强化内部客户的观念，为前台客户、上游客户提供支撑价值创造的服务，获取内部回报。

（4）组织文明——自下而上的组织协同。组织结构必须平台化。在企业内部，指挥系统要求各个合伙人承担责任，这个时候就不是自上而下而是自下而上的协同；企业内部管理从过去的刚性规范走向柔性协同；从指令安排走向鼓励创新，鼓励每个合伙人发挥内在的潜能和创造性，走向混序创新；从规模优势走向敏捷优势；从组织统筹走向个体解放。

（5）雇佣文明——从雇佣关系走向合作关系。过去是雇佣关系，干多少活拿多少钱，人的积极性被压制，容易固化。合伙人制一定要打破过去把人固化在某个岗位上的局面，充分释放个体力量。个体之间通过连接和交互可能会产生加倍的能量。所以，企业要去中心化，去威权化。从雇佣关系走向合作关系，从管理控制走向授权赋能，从过去简单的工作契约走向承诺契约，从过去的薪酬分配走向权益分享，这些都对战略、公司治理、业务模式创新、人力资源机制、组织模式提出了全新的挑战。

合伙人制不仅是一种激励手段，而且是一种企业持续发展的战略动力机制，是一种企业成长与人才发展的长效机制，是一个涉及企业战略创新、公司治理结构优化、组织与人的关系重构的系统工程。

因此，企业要引入合伙人制，首先要回归企业的顶层设计，回归企业的使命追求与核心价值观，回归企业的事业理论。对"为什么要推行合伙人制？要达到什么样的目标？"等命题，需要企业家与合伙人进一步系统思考并达成共识，对推行合伙人制的目的与目标要真正想明白、想透彻，特别是企业实控人需要发自内心地想清楚。没有形成共识，合伙人制充其量只是一种力度更大的利益分享机制，到头来聚集的还是一支雇佣军，只为钱而战，并不是为使命与事业而奋斗。没有真正想明白、想透彻，面对合伙人方案就容易反复、迟疑，不断"翻烧饼"，甚至在关键时刻不讲信用、不兑现承诺。

其次，引入合伙人制要回归企业的变革与创新，要基于新商业文明规则，对企业的战略、公司治理结构、组织与人的关系进行系统的变革与创新，优化合伙人制的土壤和生态环境，使合伙人制能凝聚一批有追求、有意愿、有能力的人抱团打天下，持续奋斗创伟业。否则，合伙人制一到执行与应用层面就会扭曲、变形、走样，达不到预期效果。

正确认识合伙人制，要澄清以下几点认识。

（1）合伙人制不等于利益共享。利益共享只是合伙人制的一个方面，或者说是合伙的自然结果。共享还包括知识、资源等的共享以及成就的共享，如果合伙人之间不能做到这些共享，而是各自为战，就不是合伙，不能创造协同效应。另外，一定要强调共担，不以共担为基础的合伙人制不可能持续运行。有很多企业给员工做了很多利益分享，但是往往忘记了共担是前提，造成员工只能同富贵，不能共患难。不以共担为前提，任何合伙人制都会被理解成一个分配机制，而不是一个激励机制。

（2）合伙人制不等于股权激励。股权激励仍然是传统雇佣思维的产物，单方面从老板的角度出发，你干得好，就给根胡萝卜，短期的是奖金，长期的是股权，所以仍然是雇佣和被雇佣的关系。合伙人制不是这样，而是我跟你合伙，两个人加起来能把事情干得更好。我与你之间形成一个合伙契约，依据贡献的大小，包括资金的贡献、能力的贡献、智力的贡献、资源的贡献，确定合作股权的比例，然后赚取短期的收益价值和长期的资本价值。合伙人的收益是合作共创的自然结果，不是老板赏赐的。

（3）合伙人制不是团伙机制。合伙人制不是把一群人聚到一起，各干各的。这种状态是团伙，不是合伙。大家是一种简单的捏合，不是深度的协同，更不是有机的融合。什么才是真正的合伙？它是生态思维下，各个价值创造方组织起来，共担、共创、共享的一种分工协同机制。合伙人制一定要形成分工和协同，基于分工和协同，才能产生更高的组织效率，产生更大的价值，然后根据一定的交易结构来完成各自的分享，并以此作为共同奋斗的原动力。

什么是分工和协同？简言之，我自己干，原来能挣 5 000 万元，他原来也能挣 5 000 万元，如果我们俩合伙，加起来只能挣 1 个亿，这样早晚有一天要拆伙。所谓合伙，是我 5 000 万元，他 5 000 万元，我俩加起来能挣 3 个亿，他的 5 000 万元还是他的，我的 5 000 万元还是我的，基于增量的 2 个亿按照合伙契约来分配，这样合伙才有意义。在没有产生增量价值的情况下贸然去推行合伙人制，对存量的分配就等于抢劫。没有增量，就没有合伙人制。

此外，推行合伙人制，还要正确认识以下三点。

一是聚散有道，合伙人分手也是一件好事。道不同不相为谋，优秀人才之所以要选择合伙，是因为大家有共同的目标追求，有共同的价值取向。如果道不同，及时散伙也是一个好的选择。目标追求一致，价值观统一，是合伙人制的灵魂与根本；当事业合伙人目标追求各异，同床异梦之时，趁早散伙也许是一种更明智的选择。比如新东方最初的三个合伙人俞敏洪、徐小平、王强，每个人各管一摊业务，难以整合，且彼此个性差异很大，每个人目标追求都不一样。当年为了共同的利益，三摊子业务被整合到一起上市，上市以后，三个人很快散伙，各奔前程。我们观察到很多散伙都是在企业上市后，一旦实现了价值变现，合伙人的心态就会出现分化，不再志同道合。从某种意义上讲，新东方当年的及时散伙，成就了俞敏洪今日的事业追求，也成就了徐小平、王强各自的事业追求。冯仑、易小迪、王启富、王功权、刘军、潘石屹六人 1992 年走到一起，被称为"万通六君子"，他们共同奋斗了近十年，创造了中国民营企业成长的奇迹。2003 年散伙，剩下冯仑一人，为什么？当时大小事由六人投票，没有最终责任人。大家都是能人、牛人，性格差异大，彼此不包容，尤其是价值观不同，在战略上达不成共识。在大家都功成名就之后，选择散伙，各奔前程，这不但成就了万通，也成就了 SOHO 等一批优秀企业。刘永言、刘永行、刘永美、刘永好，号称"言行美好的四兄弟"，于 1982 年合伙创业。因为四兄弟志趣差异太大，对未来发展难以达成共识，1995 年选择散伙，结果成就了今日的大陆希望、东方希望、华兴希望、新希望四大产业集团，实现了四兄弟各自的事业追求。亲兄弟都有散伙的时候，何况没有血缘关系的合伙人。所以，把散伙这事看淡，聚散随缘。

　　二是要有一种持续奋斗的合伙人精神。合伙人制生命力的源泉来自合伙人持续奋斗的精神，如果合伙人群体激情衰竭，不愿持续奋斗，或能力跟不上企业发展要求，不再为企业创造价值，合伙人机制的生命力也将随之衰竭。因此，合伙人制要以奋斗者为本，坚持能力贡献导向，弘扬奋斗精神。如果有人不愿意持续奋斗，不再为组织做出贡献，就要实施合伙人动态退出机制。有的时候合伙容易退出难，中国很多企业对退出过程中的游戏规则未予明确，最后导致互相拆台。退出机制的设置有时候比入伙机制的设置更难。道同则选择合伙，道不同则选择散伙，这种散伙越早越好。有良好的退出机制，才能使合伙机制保持活力。

　　三是合伙人制不是万能的，不是一合伙就灵。这两年合伙人制比较热，似乎所有的企业都想搞合伙人制，但企业激励不是一合伙就灵，合伙人制并不适合所有的企业。以知识员工为主体，创新型、轻资产，或者处于创业期、战略转型变革期的企业，比较适合合伙人制。合伙人制不适用于内部所有人才，全员合伙是不太靠谱的，像华为那样实现普惠制的员工合伙是非常少见的。合伙人制度仅仅有利益捆绑还不够，还要有共同的梦想和价值观。不要基于兄弟情义来追求共同利益，这个不长久，一定要基于共同利益追求兄弟情义。不能纯粹为了理想去追求事业，但你的事业一定要有伟大的理想，这样的合伙人制度才能长久。

总之，我们要把合伙人制看作一种战略动力机制，而不是一种短暂的人才激励机制。它是企业成长和人才发展的一种长效机制，是一个涉及企业战略创新、公司治理结构优化、组织与人的关系重构的系统工程，是一种新人才生态。

1.2.3　合伙人制能不能用于公司

合伙人制完全可以用于公司制组织。合伙人制是企业的一种治理模式，是企业管理的一种权力内核，包括但不限于股权合伙、事业合伙、生态链合伙，它绝不仅仅用于合伙制企业，事实上，这种内核能够适用于各类商事组织，包括公司制组织、合伙制组织乃至个人独资企业。

采用合伙人制的绝大部分都是合伙制企业，比如咨询公司、会计师事务所、律师事务所等，这些行业的特征是企业的股东就是合伙人，同时又是公司的管理层。股东跟合伙人是相等的关系，企业属于全体合伙人。

但是仍有公司采用的是公司制的组织形式，却实行合伙人制，这种情况多见于私募股权投资（VC/PE）行业。这个行业许多的基金管理公司都采用有限责任公司制，但是公司最高管理层对外都宣称自己是公司的合伙人，比如高瓴资本、红杉资本、达晨创投等。在这里，合伙人制其实是公司的一种权力结构。在私募股权投资行业，都会存在一个类似"投资决策委员会"的机构，它是公司投资决策的最终裁决者，由公司的最高层管理者构成，一般而言，如果能够进入这个机构，对外就是企业的合伙人。

再举一个例子。阿里巴巴采用的是公司制组织形式，却通过合伙人制让只拥有很少股份的公司高级管理层成功控制了董事会的提名权，从而掌握了公司的经营控制权。这里的合伙人制是一种权力结构。具体案例稍后会详细介绍。

在公司制企业中，同样存在只负责投钱，不参与公司日常经营的股东，比如大名鼎鼎的红杉资本、腾讯的最大股东南非 MIH 公司等，它们相当于财务合伙人。

为了保证公司的日常经营不被资本影响，实现股权和决策权分离，就需要在公司制企业的股权结构之外另设章程，以实现合伙人对公司的有效控制。

1.3　合伙人有哪些分类

企业合伙人一般是多层级合伙人，因为一种合伙人不能包打天下，所以合伙人需要分类分级。

对于合伙人，可以从内外有别的角度分为内部合伙人、外部合伙人和荣誉合伙人；从职能角度分为平台合伙人、投资合伙人、业务合伙人、顾问合伙人等。

合伙人还应当分级，一般分成三个层级，即命运共同体、事业共同体、利益共同体。命运共同体层级的合伙人，命运紧紧联系在一起，休戚与共，共生共荣，是最为核心的团队；事业共同体层级的合伙人，一般与企业共同经营一项事业，与企业共同成长壮大，比如二级部门负责人、区域负责人等，他们一般享有该项事业的股权；利益共同体层级的合伙人，主要是与企业共同分享收益，企业重在激发这类人的积极性，比如某些门店/项目的合伙人，他们一般受到某种激励。这三个层级还代表了合伙关系逐渐深入的三个发展阶段，从一开始为了利益而来，到逐渐认同事业，再到形成命运共同体，是合伙关系的逐渐升华。另外，根据头衔/称谓，很多企业划分出以下层级（见表1-2）。

表1-2 合伙人分级

层级	头衔/称谓	定位
1	创始/永久/首席合伙人	实控人
2	高级/资深/一级/A级合伙人	命运共同体
3	（二级/B级）合伙人	事业共同体
4	（预备/三级/C级）合伙人	利益共同体

下面，我们重点介绍内部合伙人、外部合伙人以及荣誉合伙人。

1.3.1 内部合伙人

内部合伙人指与企业有劳动合同、股权关系的合伙人，他们一般全职在企业内工作。根据职能，内部合伙人可细分为平台合伙人（例如集团合伙人、公司合伙人）和业务合伙人（项目合伙人、门店合伙人、区域合伙人等）。

平台合伙人一般包括总部的高层、面向全局的业务管理人员和职能管理人员等，他们一般和企业总体业绩挂钩。业务合伙人一般是在某一局部的业务层面，例如一个项目、一个门店、一个区域、一个业务单元（BU）、一个产品线等。业务合伙人一般和局部的业绩挂钩，采取跟投形式进行合伙。跟投模式完全可以按照项目的多少进行设计，不受项目多少的限制，每一个项目的合伙人不超过50人。因此，这种模式深受房地产、民办医院、民办学校以及需要在各地设立子公司的企业的青睐。

1.3.2　外部合伙人

外部合伙人主要指企业外部生态链上的合伙人，例如企业的供应商、经销商、客户、投资人及一些资源的提供者。比如：

（1）供应链属地合伙人。其应用非常广泛，尤其是在连锁零售行业，采用这种形式就不用在所有的地方开店了。通过一个投资平台实现产品和供应链的输送，给属地合伙人赋能，形成了一个多方共赢的格局。

（2）渠道合伙人。渠道的合作伙伴不再是简单的交易关系，它们共同去构建一个区域营销主体，一荣俱荣，一损俱损。比如全国的合伙人、省级合伙人、市级合伙人、县级合伙人、乡级合伙人、村级合伙人。在农业领域就有一些企业采用这样的形式。

（3）原材料类合伙人。渠道和上游的供应商也能成为合伙人。这样就不再使用询价、问价、比价的传统模式。供应商的营销费用会减少，产品售价降低却仍有利润。

（4）其他合伙人。竞争对手也可以变成合伙人，形成竞合关系。和政府机构之间也可以形成合伙人关系，此外还有多维的合伙人等形式。

在实操过程中，我们发现生态合伙人模式存在潜在的风险，建议公司最好要以合伙企业的形式出现，尽可能避免直接注资股份的方式。供应商成为股东合伙人以后，按照公司法的规定它有权查看企业财务报表，企业产品的价格、策略、利润空间、采购的底线等都会暴露。企业对外部合伙人也要大力加强融合，如以信息系统打通双方的采购和销售端、加大管理扶持（如赋能培训、营销推广）等。另外，我们还需要注意以下几点：

一是外部合伙人的代理商和非外部合伙人的代理商客观上存在责权利的区别，任何平衡二者利益的做法都可能影响代理商的积极性，因此要动态管理生态链合伙人。

二是外部合伙人代理商进货成本低，出于对短期利益的考虑可能不会进行市场推广，直接低价销货，这样将会对企业的产品市场价格体系产生干扰。

三是外部合伙人模式极大调动了代理商和销售人员的积极性，但也可能导致代理商的盲目扩张。

四是要营造生态链合伙人文化，规范合伙人的行为。

➡ 案例

美团的城市合伙人计划

"城市合伙人计划"是美团由自营为主转向"自营＋代理"的一个重大转折点。该计划始于 2016 年 10 月，最初放开的是全国基本未开发的 584 个县级城市，主要包括餐厅团购、推广、支付等业务，随后再次宣布开放 623 个城市，12 月进一步放开 843 个城市，面向全国招募合作伙伴。

合伙人收入主要来自"团购毛利分成＋考核奖金＋其他产品"，

申请人需要具备长期合作意愿、开拓市场能力和资金实力三个条件。

合伙人制度的实施给予了有能力有激情的美团系成员获得更高收入和更远前程的可能。计划发布后，除了外界有意者加入，像张华这样的内部人员转合伙人的也不在少数。

这并不是张华第一次创业，早在 2013 年他就开始在传统领域做生意，2015 年转向网络销售时受到互联网巨浪冲击，亏损达 400 万元。张华震惊于互联网的威力，决定进入美团基层研究互联网，做起了一名销售。一年后，创业的机遇再次降临，他又重新出发。

如今，张华在广西老家代理了三个城市，拥有一个 5 人团队，经营才 20 多天，除去代理费用，收入与日常开销已经基本持平。

对于很多合伙人来说，代理身份是他们人生中事业角色的一次升级，具有重要意义。

身份改变，成为合伙人，意味着从执行者转变为决策者，从为别人打工转变为为自己打工。

由于身份角色的改变，合伙人的工作心态发生了明显变化。"虽然现在也像之前一样出门开发用户，但心态完全变了，我考虑更多的是公司未来几年的发展"，张华说，他最近时常跟朋友感叹，以前在美团更多的是被动做事，现在无论做什么都很主动，很想做好，从早到晚充满干劲。

"也许我们会失败，但没有关系。无论赚钱与否，这次都是很好的机会，让我从传统行业真正进入互联网行业，另外让我们组建了一个很好的团队，以后能一起发展"，这是张华最看重的价值。

实行合伙人计划对美团来说意味着什么呢？就像一只负重的狮子，把背上的小狮子放下来，让它自己行走，大狮子只负责领路。这样一来，大狮子脚步更加轻快，小狮子强大后再带领自己的小小狮子，一个庞大的狮子家族便形成了，生生不息，越走越远。

互联网商业发展有其内在的规律，如今的美团最需要的是升级组织结构、提高效率，减轻自重、利益共享是最好的方式。

从公司治理层面看，自营转代理能够简化公司内部结构，是公司的一次瘦身，有利于提高效率、降低成本，塑身后的企业能够将更多的精力放在创新和服务上。

从企业发展层面看，一家企业要想取得伟大的成就，不可能单枪匹马全靠自己，众多小河汇成的江河才能拥有流入大海的力量。合伙人计划是美团组织结构的一次升级创新，为更长远的发展注入活力。

从产业层面看，开放平台是美团生态系统建设的重要一环，美团点评餐饮平台总裁王慧文在内部讲话中提到，构建"互联网＋餐饮"的良好生态，能够帮助产业实现互联网化、数据化，驱动整个餐饮产业完成供给侧改革，让消费者享受更好的服务。

孤木难成林，开放平台、以合伙制汇聚更多人参与，能产生"整体大于部分之和"的效果，促使合伙人实现双向价值。

1.3.3　荣誉合伙人

荣誉合伙人主要是已经离开现有企业的高管和有较大外部影响力的个人，尽管他们不在现有企业了，但仍有一定的资源和影响力，能够为企业带来收益。企业出于种种考虑，希望继续保持和他们的关系，因此给予荣誉合伙人的称号。例如陆兆禧不再担任阿里巴巴集团CEO和合伙人后，就获得了荣誉合伙人的头衔。2016年3月，万科北方区域CEO毛大庆离职，创办优客工厂。他说："虽然我不再服务于万科，不在内部担任管理职务，但我与万科的情谊永远不会割舍。接下来，我将继续以万科外部合伙人的身份，为营建万科新的生态系统贡献自己的力量。"毛大庆的外部合伙人身份实质上也是一种荣誉合伙人。

荣誉合伙人也可以是一种扩大人脉的方式，对于那些关键意见领袖（KOL）、退休官员、专家等，企业可以赠送荣誉合伙人的头衔，以获取他们的帮助。但要警惕这种方式变成一种腐败。

荣誉合伙人还是一种较为体面的退出方式。一些核心高管由于种种原因要离开企业，一下子全退出容易引起外部的猜测和误会，加上其自身利益和企业也不能完全斩断，因此用荣誉合伙人来过渡是一种比较理想的方式。

1.4　什么样的企业适合合伙人制

经过前述辨析，我们可以认为合伙人制实际上是一种制度内核，它可以广泛适用于公司、合伙企业、个人独资企业等不同体制的商事组织。如果组织的注册形式是公司，则可以采用合伙人制；如果是合伙企业，则更容易采用合伙人制；即使是一个人独资的个人独资企业，也可以采用合伙人制。不会因为组织类型而导致合伙人制无法适用。

是否适用合伙人制，根本在于人力资本是不是企业价值创造的主导因素。如果人力资本是主导因素，那么企业就适合采用合伙人制。如果人力资本不是主导因素，则不适合采用合伙人制。至于能否采用合伙人制，则需要结合实际控制人意愿、企业业务状况等综合考虑。

相对而言，以下5种类型的企业特别适用合伙人制。

（1）知识型的企业。这类企业需要不断创新，员工的技能、投入度、创造性、学习力等是影响企业成败的重要因素。有态度有能力的员工天然就是合伙人，企业需要他们的能力和投入来创造价值。如果企业不采取合伙人制，而让资本来主导，结局很可能是员工丧失主动性和能动性，企业逐渐从平庸走向消亡。

（2）业务不确定性强的企业。业务不确定性强，企业就需要面对授权、风险、自主创新、主动协同等管理问题。一线员工要有决策权，能灵活地服务客户，并享有与之匹配的回报。企业也希望尽量降低管理风险，从而将责任和收益都让渡给他们。因此，业务不确定性强的企业适合采取合伙人制。企业在初创期或者战略转型期都会面临不确定性，有必要采取合伙人制，至少在不确定的业务层面采取合伙人制。

（3）业务多且差异大的企业。企业业务类型多且差异大，总部对各个业务加强管控，能力可能不足，管理成本高；不管控的话，又容易失控。因此一个折中的方式是让各个业务的负责人成为合伙人，总部向他们让渡管理责任和收益，业务负责人成为合伙人，能够以更强的责任心来经营业务。

（4）轻资产的企业。轻资产是一种以价值为驱动的资本战略，通过建立良好的管理系统平台，集中力量进行设计开发和市场推广，促进企业发展。最典型的轻资产企业就是互联网企业，这样的企业推行合伙人制更易成功。原因就在于合伙人的入股价格和每股收益。较之重资产企业，轻资产企业的入股价格较低，新增利润相同的情况下，轻资产企业的每股收益会更高，所以，轻资产企业更易获得合伙人的认可。

（5）平台型组织。构建平台型组织必然构建合伙人机制，两者根本不分家。从某种意义上说平台型组织管理模式＝合伙人机制，只是很多时候没有出现"平台"或"合伙人"的字眼罢了，背后的逻辑完全一致，只是视角不同而已。仔细观察不难发现，凡是平台特征明显的企业，合伙人机制特征同样明显，两者相辅相成、相得益彰。

平台型组织需要合伙人，一个平台的活跃程度恰恰要由众多的合伙人来体现，平台的繁荣程度取决于合伙人的业务开展是否实现了多元化，合伙人的业务越活跃，平台越繁荣，平台价值越大，此时平台化战略才能真正实现。平台型企业的管理模式必须保障合伙人从进入到退出，从价值创造到价值评价再到价值分配，都能有明确的管理机制支撑。

一旦出现了众多的合伙人，企业自然就是一个平台，只有平台才能承载合伙的含义。

然而，考虑到各类组织具体情况的不同，并非所有企业都适合合伙人制。

一是国企不适用合伙人制。这是因为国企没有合伙人这个概念，国企打破不了体制的束缚，存在天然的障碍。拿出净利润或超额利润的一部分来给员工分红是禁止的，因为有国有资产流失的嫌疑，除非国资委认可。随着我国国企混合所有制改革的深入，国家逐渐倾向于"管资本"，在二三级公司或新业务层面也许有可能采用合伙人制。

二是衰退期企业不适用合伙人制。衰退期的企业前途暗淡，如果在这个时候采用合伙人制，就是转嫁经营风险，纯属"耍流氓"，再说员工也不会买单。除非员工中有人有能力引领企业战略转型，企业才可能会接受合伙人制。

三是控制权复杂的企业不适用合伙人制。如果企业没有强有力的实控人，控制权比较复杂，则不适宜采用合伙人制。采用合伙人制会导致企业的局面更加复杂，合伙人制中的很多设计可能也无法落地。

1.5　中国合伙最佳实践

1.5.1　华为

也许有人奇怪，华为不是公司制吗？我们前面说过，合伙人制不要看它注册的组织形式，而要看其制度内核。张五常说："任正非是个天才。我给你这么多钱，你请人回来，你怎么组合，怎么安排，这是很难的。他公司的制度就是美国会计师事务所、律师事务所的合伙人制度。一个研发制造商采用会计师事务所、律师事务所的合伙人制，华为可能是天下独有。"我们深入看华为，发现它确确实实就是合伙人制，完全符合共识、共创、共担、共享的"四共"理念。

华为早在1990年就提出了员工持股的概念，即让员工成为合伙人。与其他企业的合伙人制不同，华为的合伙人持股平台是工会委员会，这个阶段的合伙人收益主要是固定的股票分红。华为的合伙人计划发展历程如图1-10所示。

2001年，华为实行了虚拟受限股计划。该计划规定以后员工从虚拟受限股（以下简称"虚拟股"）中获得收益的大头不再是固定的分红，而是其对应的公司净资产的增值部分。从固定股票分红到虚拟受限股的改革是华为激励制度从普惠原则向重点激励的转变。

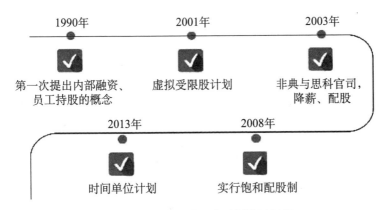

图 1 - 10　华为的合伙人计划发展历程

2001 年后，华为实行了相应的员工持股改革。新员工不再派发长期实行的 1 元/股的股票，老员工的股票也逐渐转为期股，即虚拟股。虚拟股由华为工会负责发放，每年华为会根据员工的工作状况和对公司的贡献决定其获得的股份数。员工按照公司当年净资产价格购买虚拟股。拥有虚拟股的员工除了可以获得一定比例的分红，还可以获得虚拟股对应的公司净资产增值部分。

例如，华为公布的 2002 年虚拟股执行价为每股净资产 2.62 元，2003 年为 2.74 元，到 2006 年达到 3.94 元，2008 年进一步提高为 4.04 元。员工的年收益率达到 25%～50%。

2008 年，华为再次调整了虚拟股制度，实行饱和配股制，即规定员工的配股上限，每个级别达到上限后就不再参与新的配股，比如 13 级的员工持股上限为 2 万股，14 级的员工持股上限为 5 万股。这一规定让手中持股数量巨大的华为老员工的配股受到了限制，给新员工的持股留下了空间。

2013 年，为了解决外籍员工和基层员工的激励问题，华为推出了时间单位计划（time unit plan，TUP），每年根据员工岗位及级别、绩效等，给员工配置一定数量的期权，期权不需要员工购买，5 年为一个结算周期。这个计划可以解决任正非多次批评的财富过度集中到部分人手中，导致基层员工无缘分享公司发展红利的问题。

正如华为轮值 CEO 郭平所说的那样，"TUP 计划本质上是一种特殊的资金，是基于员工历史贡献和未来发展前途来确定的一种长期但非永久的奖金分配权力"。

我们回顾了华为的合伙人计划，接下来的问题是：其合伙人平台是如何搭建的？任正非持股比例是多少？华为的股东有哪些？华为的法定代表人是谁？下面的案例中给出了答案。

➡ 案例

任正非是如何玩转华为合伙人的

截至 2015 年 12 月，华为全球员工约 17 万人，其中持股成为合伙人的员工约有 8 万人，由工会委员会作为持股平台统一管理。华为在工会持股平台上选出 51 个员工代表，并在此基础上推选出华为投资控股有限公司（华为技术有限公司的控股母公司）的董事会成员，共计 17 人，如图 1-11 所示。

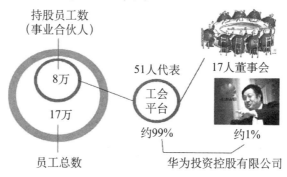

图 1-11　华为合伙人的持股平台

2003 年 3 月，华为投资控股有限公司成立，法定代表人和董事长为孙亚芳女士，注册资金为 1 358 278.739 2 万元人民币。工商局登记资料显示，华为投资控股有限公司的股东有两名，分别是工会委员会和任正非个人。

这种股权架构是不是与合伙企业（基金）有些相似？任正非为普通合伙人，是公司的实际控制人；而工会委员会为有限合伙人，为持股及合伙人的平台。这就能够解释为何任正非持股仅约 1%，却能控制公司。

而大名鼎鼎的华为技术有限公司（法定代表人是孙亚芳），就是由华为投资控股有限公司 100% 控股的子公司，是单一法人独资企业。我们可以得出一个结论：华为技术有限公司完全是由任正非个人控制的公司。

大家试想下，为何华为技术有限公司不上市？华为在 2001 年就成立了上市筹备小组，任正非确定了"先私募引入战略投资者，再整体上市"的总体思路。在股权出让问题上，任正非开出的条件是：华为总共出让不超过 30% 的股份，同时引进 5 家战略投资者，并且每家不超过 5% 的股份。谈判最后当然是无果而终了。

从另一个角度来看，华为实际上也是上市了，只不过是"内部上市"。它的股票全部面向内部员工，从员工手中募集了大量资金，也对员工大量分红。它的内部股东如此多，可能比一般上市公司的股东数还多，因此是否上市已经不重要了。

华为经营性现金流充沛，不需要通过上市来融资，更重要的原因在于它的股权架构和单一股东，我们知道有限公司改制成股份公司至少需要两个股东。另外，上市后公司的许多信息要公开化与透明化，例如财务、工会持股平台信息等。

1.5.2 阿里巴巴

阿里巴巴 2014 年在美国上市，相关资料显示，上市前马云持股 8.9%，蔡崇信持股 3.6%，软银持股 34.4%，雅虎持股 22.6%。

2016 年 5 月 20 日，第一大股东软银持股 32%，第二大股东雅虎持股 15.4%，第三大股东马云持股 7.8%，蔡崇信持股 3.2%，阿里巴巴管理层共持股 12.5%。

至 2017 年 6 月 9 日，第一大股东软银持股 29.2%，第二大股东雅虎持股 15%，第三大股东马云持股 7%，蔡崇信持股 2.5%，管理层共持股 10.6%。

虽然软银和雅虎为公司的第一和第二大股东，以马云为首的管理团队持股比例不高，但马云用合伙人制牢牢地掌握了阿里巴巴的控制权。这让很多创业者心生向往并备受鼓舞，打算效仿。

1. 阿里合伙人制面世

2009 年 9 月 10 日，在阿里巴巴成立 10 周年的晚会上，阿里巴巴集团董事局主席马云宣布，18 位阿里巴巴创始人将于当晚不再享有创始人的身份，以后将变成集团合伙人。

马云表示："今晚我收到了阿里巴巴其他 17 位创始人的'辞职信'，这标志着阿里巴巴前十年结束，新的十年将从明天开始。"

2012 年，阿里巴巴网络从香港私有化退市，2013 年谋求阿里巴巴集团重新在香港上市。

但阿里巴巴的合伙人制导致股东同股不同权，不符合香港上市公司规则。而港交所强调为保护中小投资者利益，必须"一股一票""同股同权"。

此后，双方就此进行了长时间舆论战。

2013 年 9 月 10 日，阿里巴巴集团董事局主席马云以内部邮件形式披露了阿里巴巴集团的合伙人制，马云表示：

> 从 2010 年开始，集团开始在管理团队内部试运行合伙人制度，每年选拔新合伙人加入。在过去的三年，我们认真研讨合伙人章程，在前三批 28 位合伙人的选举过程中，对每一个候选人激烈地争论，对公司重要的决策深入讨论，积累了很多经验。在三年试运行的基础上，已经产生了 28 位合伙人，阿里巴巴合伙人制可以正式宣布了。

> 我们不一定会关心谁去控制这家公司，但我们关心控制这家公司的人必须是坚守和传承阿里巴巴使命文化的合伙人。

> 我们不在乎在哪里上市，但我们在乎我们上市的地方必须支持这种开放、创新、承担责任和推崇长期发展的文化。

由于港交所没有改变上市规则，阿里巴巴于 2014 年转赴美国上市。不过到 2019 年，港交所终于改变了上市规则，阿里巴巴重新在香港上市，当天上涨 6%，市值达到 4 万亿港元，超越腾讯成为港股之王。

2. 合伙人的变化过程

在 2013 年与港交所的舆论战中，马云首次披露合伙人制，经过三年尝试和三批选举，共产生 28 位合伙人。

2014 年，阿里巴巴赴美国上市前，首次公布完整的合伙人名单，合伙人由之前的 28 人变成 27 人，其中一名合伙人根据公司合伙人章程实现了使命交接，不再担任阿里巴巴合伙人。

"阿里十八罗汉"中有 7 人成为合伙人，分别是马云、蔡崇信、吴咏铭、彭蕾、戴珊、金建杭和蒋芳。

由公司自我培养出来的合伙人共有 9 位，分别是 2004 年前进入公司的陆兆禧、姜鹏、彭翼捷、童文红、王帅、吴敏芝、张剑锋、张宇和 2005 年入职的程立。

2004 年后从社会引进的有 11 位，涉及财务、法务、技术等各个专业领域的高层次管理人员，包括樊路远、胡晓明、井贤栋、刘振飞、邵晓锋、石义德、王坚、武卫、俞思瑛、曾鸣、张勇。

27 人中，22 人来自阿里巴巴集团的管理层（有两位合伙人同时兼任小微金服管理职务），4 人来自小微金服管理层，1 人来自菜鸟网络管理层。

2014 年 9 月 6 日，阿里巴巴在上市前夕更新招股书，合伙人从 27 人增至 30 人，最新加入的 3 人分别是来自阿里云技术团队的蔡景现、小微金服集团技术团队的倪行军、人力资源及组织文化团队的方永新。

彭蕾说，合伙人最看重的是坚持使命、传承文化，他们 3 位有单纯、专注、坚持、热爱、很傻很天真的特质。他们未必是层级很高或在业务线手握重兵的人，也不一定为很多人所知，他们完全是自然成长起来的。从新增 3 名合伙人的工作背景可以看出，阿里巴巴的合伙人体系与管理体系正在慢慢分开——合伙人不等于管理者。

2015 年 12 月，阿里巴巴集团宣布新增 4 名合伙人，分别是阿里移动事业群总裁兼阿里妈妈总裁俞永福、阿里巴巴集团副 CFO 郑俊芳、蚂蚁金服集团财务与客户资金部总经理赵颖和阿里巴巴农村淘宝总经理孙利军。

俞永福因阿里收购 UC 而在 2014 年加入，严格来说不满工作 5 年的要求。据说是采用了阿里投资 UC 的年限来计算，阿里 2009 年投资 UC，到 2015 年已满 5 年。

2016 年 8 月，陆兆禧、姜鹏宣布退休，成为荣誉合伙人，退出合伙人名单。

2017 年 2 月 24 日，阿里巴巴集团宣布新增 4 位合伙人，分别是蚂蚁金服平台数据事业群研究员胡喜、天猫事业部产品技术部研究员吴泽明、阿里巴巴集团董事局办公室研究员闻佳、蚂蚁金服人力资源部资深副总裁曾松柏。至此，阿里巴巴的合伙人共为 36 人。

3. 合伙人委员会

在普通合伙人组织之上，设立合伙人委员会。

（1）合伙人委员会的两项核心职能。

①合伙人委员会负责管理合伙人的选举，审核并决定被提名的候选人能否作为正式候选人参选新增合伙人。

②提议和执行高管年度奖金池分配，包括向董事会的薪酬委员会提议高管的年度奖金池，并在董事会的薪酬委员会同意后给公司管理人员和合伙人分配奖金。

（2）合伙人委员会成员的产生。2014 年上市时的合伙人委员会成员为马云、蔡崇信、陆兆禧、彭蕾、曾鸣。合伙人委员会成员任期 3 年，每 3 年选举一次，可以连选连任多届。

合伙人委员会成员的选举方法如下：由合伙人委员会先提名合伙人，再由全体合伙人对被提名的人进行投票，确定进入合伙人委员会的人。2019 年合伙人委员会成员为马云、蔡崇信、彭蕾、张勇、井贤栋、王坚。

4. 特殊合伙人

阿里巴巴的合伙人制有两种特殊合伙人。

（1）永久合伙人。阿里巴巴董事局主席马云和执行副主席蔡崇信作为永久合伙人，无须遵守 60 岁自动退休的规定，直到自己选择退休、死亡、丧失行为能力或被选举除名，才不再是永久合伙人。

（2）荣誉合伙人。合伙人在符合特定年龄和服务要求的情况下退出企业的（比如 60 岁退休）或者合伙人的年龄和在阿里工作的年限相加总和等于或超过 60 岁的，可以由合伙人委员会指定为荣誉合伙人。

比如 2016 年 8 月，阿里巴巴原 CEO 陆兆禧与原淘宝网 CEO 姜鹏退休，成为荣誉合伙人。

荣誉合伙人不能行使合伙人权利，但有权从延期奖金池中获得分配。

5. 普通合伙人

（1）成为合伙人的条件。

①在阿里巴巴工作 5 年以上。

②拥有一定的阿里巴巴股份。

③具备优秀的领导能力，高度认同公司文化，并且对公司发展做出积极贡献，愿意为公司文化和使命传承竭尽全力。

（2）合伙人的产生程序。

①每年增选一次合伙人。

②由现有合伙人向合伙人委员会提名新增合伙人的候选人。

③合伙人委员会审核是否通过作为正式候选人。

④现有合伙人实行一人一票选举，得票超过 75％才能当选为新的合伙人。

⑤合伙人不限人数，至 2017 年共有 36 位合伙人。

（3）合伙人的退出机制。合伙人不设期限，符合以下某一情形，则丧失合伙人资格（不适用于永久合伙人）：

①60 岁时自动退休。

②不在阿里巴巴工作。

③死亡或者丧失行为能力。

④被合伙人会议 50％以上投票除名。

⑤合伙人离职后将不再有奖金池的分配资格。

⑥合伙人的进入与退出都由合伙人内部决定，无须经过股东大会。

6. 合伙人的权利

下面的内容适用于永久合伙人和普通合伙人。

（1）资金分配权。阿里巴巴集团每年会向包括公司合伙人在内的公司管理层发放奖金，该奖金属于税前列支，不属于股东分红。

也就是说，如果合伙人不够善意，将公司赚的钱都用于管理层奖金分配，则没有利润可供股东分红。

（2）董事提名权。董事会的简单多数成员由阿里巴巴合伙人提名（与股份比例无关）。经提名后的董事候选人，由股东大会过半数通过。如果阿里巴巴合伙人提名的董事未获得股东大会选举通过，或者该被提名人离开董事会，则阿里巴巴合伙人有权另外任命一人为临时董事，直至下一届股东大会召开。软银在持股达到 15％以上的情况下，拥有一席董事提名权。而雅虎并没有董事提名权，更别说其他小股东了。

阿里巴巴已与软银和雅虎签署了一项投票协议，软银和雅虎同意在每年股东大会上投票赞成阿里巴巴合伙人提名的董事候选人。因此，只要软银和雅虎仍是大股东，阿里巴巴合伙人提名的董事候选人将在任何一次会议上获得多数票，并将当选为董事。

为了保证合伙人的这一权利持续有效，阿里巴巴还规定，如果要修改章程中合伙人提名权和相关条款，必须获得出席股东大会的股东所持表决票数 95％以上通过。

按此规则，管理团队只要持股达 5％，其他股东就无法修改合伙人制，合伙人的董事提名权坚如磐石，难以打破。

阿里巴巴合伙人拥有了超越股东的董事提名权和任免权，即使只持有少量的股份，也能够通过合伙人结构控制公司。也就是说，股东对公司完全失去了控制。

阿里巴巴上市之前，公司董事会有 4 个席位，分别是马云、蔡崇信、软银的孙正义和雅虎的杨致远。

现在，董事会变更为 11 席，其中，5 人为管理团队成员，1 人为软银的孙正义，雅虎的杨致远为独立董事，另有 4 名独立董事。

图 1－12 是阿里巴巴合伙人总体示意图。

1.5.3　万科

20 多年前王石就提出人才是万科的资本，这在资金密集型的房地产行业是很少见的。万科在推行职业经理人制度多年后，从 2010 年开始推行对赌制度、事业合伙人制度、项目跟投制度等多项员工激励制度，把员工变成合伙人。

1．对赌制度

2010 年，万科推出了经济利润对赌制度，每年请第三方来计算社会平均回报水平，如果公司净资产收益率（ROE）超过社会平均回报水平，将从经济利润（EP）中按规定比例计提奖金；反之，管理团队就要按照相同的比例赔偿公司。

为了保证管理团队有赔偿能力，EP 奖金作为集体奖金统一管理，三年内不分配到个人，这三年滚存的集体奖金就是管理团队用来做对赌的保证金。

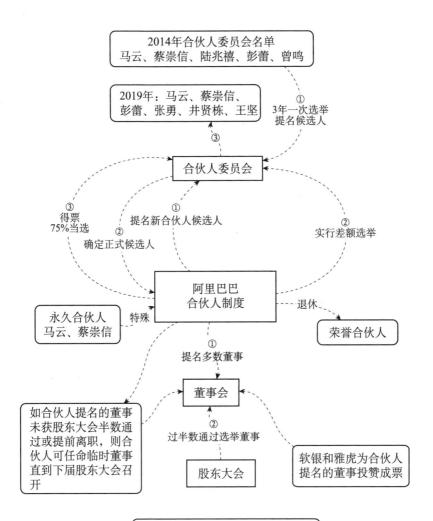

图 1－12　阿里巴巴合伙人总体示意图

这个做法效果很明显，万科的 ROE 从 2008 年的 12.65％增至 2013 年的 19.65％，回报率达到 1993 年以来的历史高位。

2. 事业合伙人制度

2014 年 4 月万科开始了事业合伙人的尝试，要求万科员工自己掏钱购买万科的股票，跟股东共冷暖。

（1）事业合伙人的参与人员。2014 年 4 月 23 日，万科召开事业合伙人创始大会，首批 1 320 名万科员工签署《授权委托与承诺书》，人员包括：

①在公司任职的全部董事、监事以及高管。

②集团公司总部一定级别以上的员工。

③地方公司一定级别以上的员工。

事业合伙人持股计划是一个开放的计划，将来会有更多员工在自愿的原则下加入计划，现在已有 2 500 多名员工参与事业合伙人计划。

（2）购买股票的资金来源。管理团队的经济利润奖金进入集体奖金账户，每期奖金封闭运行三年，封闭期内不兑付到个人，引入融资杠杆交给第三方用于购买万科的股票，第四年在付清融资本息、集体奖金所担负的返还公司的或有义务解除后，才可拿到第一年的奖金。

（3）事业合伙人操作方式。万科合伙人持股计划超越了一般的股权激励，管理层身份转变为职业经理人和事业合伙人，二者合一，不仅要共创、共享，还要共担。管理层要自己掏钱买股票，还要引入融资杠杆扩大风险和收益，承受比股东更大的投资风险。

盈安合伙在 2014 年 5 月第一次购买万科股票时，价格为 8.38

元，其间 11 次购买万科股票，到 2015 年 1 月再次购买万科股票时价格已为 13.26 元。

3. 项目跟投制度

事业合伙人制度的参与人群主要是管理团队，大量员工没参与进来，万科随后推出了与私募股权基金类似的项目跟投制度，要求除了旧城区改造项目及部分特殊项目外，所有新项目配套跟投计划，项目操作团队必须拿出自己的钱和公司共同投资。

（1）项目跟投的参与人员。

①项目所在区域公司管理层必须跟投。

②项目所在城市公司管理层必须跟投。

③项目的管理团队必须跟投。

④除集团公司董事、监事、高级管理人员以外的其他员工可自愿参与跟投。

（2）跟投的资金占比。2014 年 4 月项目跟投制度推出时的规则为：员工初始跟投总额不超过项目资金峰值的 5%。公司对跟投项目安排额外受让跟投，其受让总额不超过该项目资金峰值的 5%，项目所在一线公司跟投人员可在未来 18 个月内，按人民银行同期同档次贷款基准利率支付利息后，额外受让此份额。

2015 年 3 月 30 日，万科对项目跟投制度进行了第一次修订，跟投额度修改为：初始跟投总额不超过项目资金峰值的 5%，追加跟投总额不超过项目资金峰值的 8%。

在 2017 年 1 月万科之争消停之际，万科对项目跟投制度进行了第二次修订，跟投额度修改为：跟投总额不超过项目资金峰值的 10%，取消追加跟投安排。

（3）跟投项目收益分配。跟投制度推出时，跟投人与万科公司按投资比例分配收益。

在 2017 年 1 月的第二次修订中，加大了跟投人的责任和风险。

①设定门槛收益率。当项目收益率未超过门槛收益率时，优先保障万科公司享有门槛收益率的收益，超过的收益（如有）才分配给跟投人。

②设定超额收益率。当项目收益率高于门槛收益率但不高于超额收益率时，万科公司与跟投人按投资比例分配收益。当项目收益率高于超额收益率时，在超额收益率以内对应的收益，万科公司与跟投人按投资比例分配收益；超额收益率以上的收益部分，跟投人按其投资比例对应收益的 1.2 倍分配收益。

也就是说，在项目效益一般时，收益可能全部归万科公司，跟投人可能没收益；在项目收益较好时，跟投人才能按投资比例分配收益；在项目收益很好时，跟投人才能得到超过投资比例的收益。

这种设计鼓励跟投人努力选取好项目，努力将项目运营得更好，只有这样跟投人才能拿到高收益。

（4）实施项目跟投的效果。实行项目跟投制度后，员工变身合伙人带来的改变是显而易见的，比如：

①投资项目优化。经营团队竭尽全力去寻找价格合理的投资机会，拿地更谨慎，努力获取效益更好的项目。

②决策效率提高。以前开两小时的项目决策会现在五分钟就解决了。

③运营效率大幅提高。从拿地到开盘平均时间缩短 5 个月，效率大幅提高。

④部门间扯皮少了，员工主动跨界。

⑤主动为公司节约成本。以前公司会在项目现场专门建临时办公用房，项目盖完后拆掉，现在会选择租房办公以节约成本。

⑥员工人人变销售。

⑦员工主动加班。

4. 产业链合伙人

在员工参与项目跟投取得明显效果后，万科考虑让合作方也加入进来，将产业链上的利益相关方变成合作伙伴，重构产业生态体系。如果引入施工单位作为合伙人，偷工减料问题是否就能从源头上杜绝？工程质量是否能保证？如果引入资金方作为合伙人，融资是否更容易？资金成本是否会下降？

万科曾在嘉兴做试验，如果竞争对手的项目提前一个月出售，万科的项目晚一个月开盘可能卖不出去。想提前完工开卖，就要给施工单位加赶工费，结果项目赚的钱可能还不够付赶工费。

把施工单位变成合伙人后，它主动加快进度以促进销售，项目卖得好卖得快，它也可以钱拿得早拿得多。

万科能成为行业标杆，不只是因为规模，更是因为它不断学习和提升管理能力。2017年郁亮正式担任万科董事会主席后，头一件事就是带领公司管理层梳理并编制合伙人纲领（见图1-13）。

到今天，整个万科组织架构重建基本完成。万科合伙人纲领诞生了0.998版本，不是1.0，因为这一纲领还需要随着企业的发展不断修补和调整。

你可以说这是郁亮管理思想的实体化，但从其诞生的过程就可看出，这本小册子远非郁亮一个人的思想凝结。

这本小册子的内容历经多年实践推演，在漫长的纲领讨论过程中，万科管理层和一线年轻员工的思想不断进行碰撞，最终在学界

图 1 - 13　万科合伙人纲领 0.998 版本

和专业团队协助之下得以完善。

翻看其中的内容，"共识、共创、共担、共享""劣后担当""合伙分享""创造真实价值"都是对现有企业管理方式的突破，都是通过完成从企业员工到合伙人的转变，来调动人员积极性和创造力。

郁亮所说的矢量组织，不仅是指上层指哪儿打哪儿的战略执行力，还包括组织的价值观一致（"四共"的第一个：共识），即"这是我们共同的想法"。

一家企业的胜利，归根结底都是价值观的胜利。

万科合伙人纲领是这家企业价值观的文字展现，它对于万科争取"成为这个时代的总冠军"具有重要意义。如果没有成功，那一定是由于这份纲领所倡导的价值观并不符合这个时代的发展，反之亦然。

1.5.4　永辉

永辉超市采用的是门店合伙人制。严格说来，这算不上合伙人制，更像是打着合伙人名义的一种激励机制。门店合伙人制的实施范围严格限制在门店，主要内容是利润分享型的激励，在门店管理方面没有多少体现。我们姑且称它是一种合伙人制。

（1）激励对象。门店合伙人制的参与人包括店长、店长助理、四大运营部门（生鲜、食品用品、服装、加工部门）人员、后勤部门人员以及每月工作时间超过 192 小时的小时工。

（2）分红周期。以季度为周期。

（3）分红条件。

①店长、店长助理与后勤人员想实现分红的条件是：门店销售达成率超过 100％，利润总额达成率超过 100％；

②运营部门经理、经理助理、部门公共人员想实现分红的条件是：部门销售达成率超过 95％，部门毛利达成率超过 95％；

③运营部门各课组人员想实现分红的条件是：课组销售达成率超过 95％，课组毛利达成率超过 95％。

（4）激励工具。即超额利润分享制。简单地说，就是给激励对象定个业绩目标，超过目标的那部分业绩，由公司与激励对象按一定的比例分红。

（5）门店奖金包。就是前面提到的超过目标的部分，总量设定多少的问题。永辉超市的门店奖金包的计算方式为：门店奖金包＝（门店总利润－门店目标利润）×30％，值得注意的是，这个门店奖金包是有上限的。如果超过 30 万元，就按照 30 万元发放。

（6）个量分配标准。有几个核心的指标要注意：职级系数、出勤系数、部门分配系数与职级总份数。计算方式如表 1 - 3 所示。

表1-3 个量分配标准

	职级	计算公式
分配方法	店长、店助级	门店奖金包×职级系数×出勤系数
	经理级	门店奖金包×职级系数×部门对应分配系数÷经理级总份数×出勤系数
	课长级	门店奖金包×职级系数×部门对应分配系数÷课长级总份数×出勤系数
	员工级	门店奖金包×职级系数×部门对应分配系数÷员工级总份数×出勤系数
	职级	职级系数
门店奖金包分配	店长、店助级	8%
	经理级	9%
	课长级	13%
	员工级	70%

①职级系数。店长、店助级是8%，经理级是9%，课长级是13%，员工级是70%，这是永辉超市的标准。这是根据公司门店的层级与各个层级人员数量来确定的。

②部门分配系数。主要是对部门的毛利率进行排名，来确定分配系数。而部门确定的分配系数就是该部门所有职级员工的分配系数，具体如表1-4所示。

表1-4 部门分配系数

	部门毛利达成率排名	部门对应分配系数*
门店奖金包分配	1	1.5
	2	1.3
	3	1.2
	4	1.1
	后勤部门	1.0

*1. 对同一店面不同部门进行排名，确定各部门对应分配系数；

2. 如果一个部门排名第1，则该部门所有级别的分配系数都为1.5；

3. 店长只有1个，不属于任一部门，所以发放时不设部门对应分配系数。

③职级总份数。这主要是强调不同部门同一级别的员工，比如生鲜部的经理与服装部的经理，表1-5中的例子有助于理解。

表1-5 职级总份数举例

	某一级的总份数
门店奖金包分配	总份数=∑各部门同职级人员人数×部门对应分配系数
	同职级人员人数：不包含双指标未达成的部门或课组的该职级人数
	如：生鲜部经理级人数2人，对应分配系数为1.0；服装部经理级人数3人，对应分配系数为1.1，则经理级总份数=2×1.0+3×1.1=5.3
	出勤系数
门店奖金包分配	出勤系数=（当季应出勤天数－事假/病假/产假/工伤假天数）÷当季应出勤天数

奖金计算举例如表1-6至表1-9所示。

表1-6 奖金计算举例一

假定目标利润为1 000万元，实际利润为1 033万元，则：

部门	销售达成率	利润总额达成率	毛利达成率	毛利达成率排名	部门对应分配系数	超额利润总额（万元）	奖金包（万元）
全店	100.1%	106%				33	10
生鲜			107%	1	1.5		
食品用品			103%	2	1.3		
服装			90%	3	1.2		
加工			87%	4	1.1		
后勤					1.0		

表 1-7　奖金计算举例二

	门店奖金包（万元）	职级	职级系数	该职级奖金包分配额（元）
门店奖金包分配	10	店长、店助级	8%	8 000
	10	经理级	9%	9 000
	10	课长级	13%	13 000
	10	员工级	70%	70 000

表 1-8　奖金计算举例三

部门	A店面一季度完成情况（达成课组：生鲜部5个、食品用品部4个）									
	店长级	经理级			课长级			员工级		
		人数	部门对应系数	总份数	人数	部门对应系数	总份数	人数	部门对应系数	总份数
店长办公室	1									
生鲜		2	1.5	3.0	5	1.5	7.5	43	1.5	64.5
食品用品		2	1.3	2.6	4	1.3	5.2	11	1.3	14.3
后勤		3	1.0	3.0	4	1.0	4.0	48	1.0	48.0
合计	1			8.6			16.7			126.8

表 1-9　奖金计算举例四

部门	A店面一季度（达成课组：分配额度）			
	店长＝门店奖金包×职级系数×出勤系数*	经理级＝门店奖金包×职级系数×部门对应分配系数÷经理级总份数×出勤系数	课长级＝门店奖金包×职级系数×部门对应分配系数÷课长级总份数×出勤系数	员工级＝门店奖金包×职级系数×部门对应分配系数÷员工级总份数×出勤系数
店长办公室	8 000 元			
生鲜		9 000×1.5÷8.6＝1 570 元	13 000×1.5÷16.7＝1 168 元	70 000×1.5÷126.8＝828 元

续表

	A店面一季度（达成课组：分配额度）			
部门	店长＝门店奖金包×职级系数×出勤系数*	经理级＝门店奖金包×职级系数×部门对应分配系数÷经理级总份数×出勤系数	课长级＝门店奖金包×职级系数×部门对应分配系数÷课长级总份数×出勤系数	员工级＝门店奖金包×职级系数×部门对应分配系数÷员工级总份数×出勤系数
食品用品		9 000×1.3÷8.6＝1 360元	13 000×1.3÷16.7＝1 012元	70 000×1.3÷126.8＝718元
后勤		9 000×1.0÷8.6＝1 047元	13 000×1.0÷16.7＝778元	70 000×1.0÷126.8＝552元

* 假定所有员工均为全勤，出勤系数均为1。

永辉超市的合伙人制有以下两个特点：

一是部门分配系数，整个部门从店长到后勤，系数是一样的。

二是职级总份数，强调的是不同部门同一级别的员工。

第 2 章

合伙人制顶层设计

2.1 顶层设计要设计什么

企业要建立合伙人制，必须做好顶层设计。只有从顶层想清楚了，才能顺利建立和推行合伙人制。合伙人制顶层设计有 3 个层面的任务。

（1）明确目的：企业为什么需要推行合伙人制。

（2）明确各项机制的设计要点（见表 2-1）。

表 2-1 各项机制的设计要点

机制	设计要点
治理机制	明确合伙人组织与企业现有治理结构的关系 明确合伙人的股权与控制权结构
选拔机制	明确各类各级合伙人的选拔标准、选拔程序等
管理机制	明确合伙人任用、培养、考核、监察等管理机制要点
激励机制	明确对合伙人采取何种激励模式及方案要点
退出机制	明确退出条件、退出程序及补偿等要点
文化建设机制	如何建设合伙文化，包括平等、共享、透明、协作等

（3）明确合伙人制推行要点：合伙人制准备如何落实；为了推行合伙人制，企业需要作出哪些改变；老板和各级合伙人需要作出哪些转变。

2.2　明确建立合伙人制的目的

在推行合伙人制之前，企业特别是一把手/实控人必须首先明确这样做的目的。

一把手/实控人要思考以下问题：

①企业/我的事业理想是什么？

②为了事业理想，我需不需要合伙人？

③我需要什么样的合伙人？

④我希望合伙人做到什么？

⑤我愿意为合伙人付出什么？

⑥我愿意做出什么样的改变？

思考的过程中，最好引入有合伙人制设计和推行经验的外部人员，特别是外部顾问。因为外部人员可以从第三方的视角，基于合伙人制设计和推行的经验，和一把手/实控人进行深入的对话。一个人独自思考有可能想不清楚，而且会出现反复，导致问题悬而不决，因此外部人员的介入非常有必要。

以笔者服务过的深圳 HB 集团为例，实控人 C 总在引入合伙人制之前进行了相当长时间的深入思考。HB 集团 1998 年由 C 总一手创立，主要从事一级土地开发，是大湾区城市更新行业的先行者。C 总从创业之初就想把公司做成一个社会化企业，让更多的人、更多的资本能够加入 HB 集团，使集团成为一个开放的大舞台，大家都能在舞台上尽情施展才华，同时集团能够做大做强。为了实现这个理想，C总一直在思考到底采用什么样的模式，为此还曾进行过股份制改造，结果引入了一批不合适的股东，后来花了很大力气才把他们清理出去。

有了这次教训，C总痛定思痛，在我们的帮助下最终选择了合伙人模式。C总意识到，要打造一个开放的事业平台，必须能够吸引和动态利用外部优质资源，包括资金、关系和人才等。城市更新行业是一个资源、能力和资金密集型行业，和投资公司类似，但更强调人脉和专业能力，合伙人必须有能力、有资源才能把业务持续做好。没有优秀的人才，单靠自己是无法将集团做大做强的。C总已经在业内树立了良好的口碑，提起C总的名字，合作过的人无不竖起大拇指，C总提出的"不让合作伙伴吃亏""干活干到我满意，发钱发到你满意"等口号，在业内广为人知。要进一步做大做强，C总认为，不能光靠自己一个人，还需要优秀的人才持续加入，还需要外部优质资源不断输入。C总在寻找优秀人才上不遗余力，只要是有用之才都会想方设法引入，吸引了一批来自政府部门、金融机构、领先房企的人才。C总非常慷慨，总是给出超出预期的条件，让很多人无法拒绝。C总也肯放权，往往是看好一个人后，给予他相当大的权力，让他放手去干。

C总的理念天然适合采用合伙人模式，因此经过一番简单梳理，他决定采取合伙人模式。当时是2012年，比万科、碧桂园采用合伙人模式要早两年。可以说，HB集团是中国地产行业中最早采用合伙人模式的。

在决定采用合伙人模式后，我们的评估是C总已经完全想清楚了，接下来他的准合伙人需要在思想上做好准备。我们拟出了一份准合伙人需要思考的问题清单：

　　①我是否发自灵魂深处认同企业的事业理想？

　　②我是否高度认同企业的理念，特别是实控人的个人理念？

　　③我能为实现企业的事业理想做什么？

　　④我能多大程度地投入？

　　…………

　　清单由各准合伙人自己先行思考，然后和实控人进行坦诚的沟通。实控人要向大家敞开心扉，讲述自己的事业理想及对合伙人制的设想，各位准合伙人也需要明确表态。这个过程可能会经历好几轮，有时候会采取一对一的形式。沟通中达成共识非常重要，如果一把手没想清楚，那么在建立合伙人制的过程中必然经历反复和波折；如果准合伙人没有和一把手充分沟通，没有取得共识，那么合伙人制无法取得实效。

　　在 C 总和各位准合伙人的沟通过程中，顾问帮助组织了恳谈会。C 总先和几位重要的准合伙人进行了一对一沟通，就合伙人制达成了共识。然后，集团召开合伙人理念宣导会议，顾问设计了动员材料并进行宣讲，C 总和几位重要的准合伙人参会发言，准合伙人在现场提出了不少疑问和建议，对后续要设计的合伙人制度也表达了希望。也有一些人提出了比较尖锐的意见，例如合伙人出资和收益问题。总体而言，沟通的氛围坦诚开放，大部分人赞同采取合伙人制。会后顾问与少部分反对者进行了单独沟通。

　　HB 集团是比较适合采用合伙人制的，但不是所有企业都有这样的条件。不同的企业存在不同的问题，需要一把手/实控人来评估和处理，不能期望万事俱备只欠东风。在如何对待合伙人制的问题上，一把手/实控人还要避免以下误区。

一是合伙人制万能，认为一搞合伙就什么问题都解决了，对合伙人制有过高的期待。这是不现实的。任何制度都不是灵丹妙药，不可能一下子解决所有的问题。

二是切忌走入"合伙人就是多发点钱"的误区。如有些企业即便给了合伙人股权，合伙人也只是享有一定的分红权，并没有相应的参与公司经营决策的权利，合伙人只在每年分红时才意识到自己是合伙人。而真正的合伙人应该是自我驱动的，乐于为事业奉献，同时有耐心等待收获。

三是把人力资本与物质资本的对等合作变成"唯人力资本论"，误入歧途。笔者认为，在目前这个初始阶段，合伙人机制应该强调人与物质资本的对等合作、参与分配、共同经营，而不是凡事以人为本。不同的企业行业属性不同，竞争环境有别，如对于创意、咨询等纯人力资本的轻资产公司，人力资本的话语权应当强过物质资本。但是对于一些对物质资本依赖程度高，甚至是带有一定垄断资源特性的行业，就需要甄别到底哪些价值是由人力资本创造的，哪些价值是由行业天然属性带来的，哪些价值是物质资本贡献的，从而进行差异化的机制设计。

四是合伙人变成老板，坐享其成，造成公司内部只分享不创造的心理。在企业内开发合伙人机制，目的是激发认同事业、有能力的人持续贡献，使组织持续发展。如果不能坚持"谁贡献谁分享"的开放式原则，就会使进入合伙人体系的人出不去，其他有能力者进不来，合伙人变成老板，变成坐在蛋糕上把自己吃胖的人，这不仅违背合伙人机制的初衷，也会给企业内部带来不公平感，助长只想分享不想创造的消极思想，对企业有百害而无一利。

五是不尊重合伙人意愿，把合伙人制变成捆绑人才、转嫁风险的手段。合伙人制是在企业有预期收益、有一定基础的情况下，凝聚有共同事业理想的伙伴，朝着共同目标前进。因此加入合伙人制应当以自愿为前提条件，合伙人应当有强烈的与公司共同发展、共担风险、共享利益的愿望。不能在企业发生重大方向性错误导致企业摇摇欲坠之时，以合伙人制为名，让员工投入资金，捆绑人才发展。这种方式虽然在一定程度上能稳定队伍，但有违合伙人制的初衷，"强扭的瓜不甜"，有可能使核心人才对企业和老板产生不信任感，造成人心涣散、人员流失，还有可能使企业加速走向衰败。

还要注意的是不能盲目照搬。有老板说，我看谁家的合伙人制做得比较好，照搬到我这里，不就行了吗？这种想法是非常错误的。没有哪家企业发展模式可以简单复制到另外一家企业。你只能成为自己，不可能成为下一个"谁谁谁"。学华为，你就能成华为吗？阿米巴厉害，你就能成为稻盛和夫吗？虽然理念、逻辑、方法论是一样的，但最终形成的方案千差万别，哪怕是同一行业看起来发展阶段差不多的企业，最终形成的方案也完全不同，因为它们的发展战略不同，进而决定了所需的要素和资源能力不同，核心人才也不同，所以合伙人方案也完全不同。

比如，有的企业适合通过二级业务单元的虚拟股权，以股权回购的方式获取集团的整体股权，避免各业务单元过度放飞自我，一盘散沙；有的企业适合集团的整体股权不做分配，而在二级公司当中进行跟投对赌，形成动态股权机制，促使组织活力的提升。以上两类企业即使处于同一发展阶段，也会由于战略诉求和核心能力的差异而形成不同的合伙人方案。

上述误区需要双方耐心细致的沟通，才能越辩越明。当大家有了基本的共识后，应一起评估当前建立合伙人制的条件是否成熟。

如果有必要，可以请外部顾问参与进来。如果对这个问题的回答是肯定的，那么可以进行下一步：明确各项机制的设计要点。

2.3 明确各项机制的设计要点

本阶段需要明确各项机制的设计要点。

1. 治理机制

治理机制需要明确合伙人组织与企业现有治理结构的关系，并明确合伙人的股权/控制权结构。既然建立了合伙人组织，就需要明确合伙人组织与现有治理结构（在公司制中，一般指股东会/董事会，合伙企业中则无此问题）的关系，明确合伙人制的定位，一般而言有表2-2所示的5种模式（定位按从高到低排列）。

表2-2　5种定位模式

	合伙人组织定位	特点	代表企业
1	等于股东会，高于董事会	a. 合伙人全是股东，股东全是合伙人 b. 多以非实股的形式持股 c. 铁打的股权池，流水的合伙人	华为、律师事务所、会计师事务所等
2	拥有实控权，高于董事会	a. 合伙人作为一个集体，拥有实控权（来自股东授权/AB股等机制） b. 合伙人与董事会同时存在，合伙人组织能够操纵董事会	阿里巴巴
3	等于董事会	a. 合伙人集体拥有董事会层面的权限，大股东/实控人类似有限合伙人或者完全放权 b. 实控人也在合伙人团队中	有限合伙企业、大部分私募股权投资

续表

	合伙人组织定位	特点	代表企业
4	相当于小股东，低于董事会	a. 合伙人集体持有部分股权，但没有控制权，相当于一个小股东 b. 实控人不在合伙人组织中，仍保留实控权或者一票否决权	万科
5	低于董事会，局部实控人	a. 在某一个局部（项目/门店/业务），合伙人拥有较大的经营管理权限 b. 主要作为一种激励手段存在	大部分项目跟投/连锁合伙等

　　要确定治理机制，很重要的就是选择一种关系模式对合伙人治理机制进行定位，这个定位直接决定了合伙人组织的地位和权限。具体要选择哪一种，取决于实控人意愿和企业的实际条件。有的企业条件较好，尚处在早期发展阶段，具备从一开始就采取第一种类似华为的治理机制，可以说从早期就奠定了成功的基础。机制必须从一开始就选对，后续修复和调整难度是很大的，甚至可以说，机制决定了一个企业的生死。不少企业发展到一定阶段再采取合伙人制，实质上是机制的二次重塑，花费的心血和投入是非常大的。

　　在 HB 集团中，C 总从一开始就选择了第一种定位，他本人作为永久合伙人加入合伙人组织。因为 C 总是集团的唯一股东，这种定位在决策上就非常简单，不需要股东大会明确授权就可以做出决定。但对其他控制权比较复杂的企业来说，做出这种选择还是比较困难的。正常情况下，需要实控人组织股东大会或者董事会，采用签署授权或一致行动人协议等方式来明确定位，通常还约定期限和指定人员。

　　确定治理机制还意味着需要明确合伙人的股权和控制权结构，

特别是在企业发展早期和转型期，提供股权是更加合理的方式。企业实控人或者股东团队需要明确：

（1）给不给股权？

（2）如果不给股权，以什么形式来替代？

（3）如果给股权，给多少合适？

（4）企业的控制权结构应该是怎样的？

股权通常伴随着表决权，因此在给予股权的同时要考虑控制权。通常的原则是分利不分权，企业的控制权通常维持不变或者通过合伙人制能更加优化。

股权和控制权相对复杂，门道也很多，我们在下一章"合伙人治理机制"中专门展开讲述。

确定股权和控制权结构后，接着需要明确：

（1）合伙人管理组织。需要设合伙人大会、决策委员会、监察委员会之类的管理机构吗？还是直接与现有管理机构合二为一？

（2）合伙人组织的权限。

一是合伙人组织享有多大的权限（权限与合伙人集体的定位有关，见前述5种定位模式）。

二是最高级别的合伙人拥有什么权限（比如一票否决权）。

2. 选拔机制

选拔机制需要明确：

（1）分类。合伙人分成几类合适？一般有内部合伙人、外部合伙人、荣誉合伙人。

（2）分级。合伙人分多少级合适？一般在2～3级。

（3）规模。各级各类合伙人的规模多大合适？企业实控人需要进行预估，太大或太小都不合适。

（4）选拔标准。什么样的人能做合伙人？什么样的不能做合伙人？各级各类合伙人以什么标准进行选拔？企业实控人需要明确硬性条件。

3. 管理机制

管理机制需要明确：

（1）合伙人任用。合伙人如何人岗匹配？任命的程序是怎样的？

（2）合伙人动态考核。各级各类合伙人是否考核？考核什么？怎么考核？

（3）合伙人培养。以何种方式培养合伙人？后备合伙人如何储备？

（4）合伙人监察。监察的内容和手段是什么？

4. 激励机制

激励机制需要明确：对合伙人采取什么形式的长期激励？这里的长期激励和企业早期/战略转型期的股权分配不同，是后续对合伙人的增量激励，一般不影响股权和控制权结构。

5. 退出机制

合伙人制中最敏感的就是退出机制，它需要明确：

（1）退出模式。分为主动退出和被动退出，都需要明确相应的条件。

（2）退出补偿。根据上述两类退出模式，结合合伙人的实际情况，明确补偿要点。

6. 文化建设机制

文化建设是很多实施合伙人制的企业容易忽视的部分，实际上很重要。文化建设机制的要点如下：

（1）合伙认知转变。实控人如何从一言堂转向团队协商共治？合伙人如何从打工心态转向事业心态？

（2）合伙人团队氛围建设。合伙人队伍如何进行氛围建设，以保证团队的和谐稳定？

上述要点较多，企业如果能一一参透最好，如果不能，最关键的是弄清楚治理机制、选拔机制和退出机制的要点。

2.4　明确合伙人制推行要点

建立合伙人制的目的和各项机制的设计要点明确以后，核心合伙人团队需要一起规划合伙人制推行的总体策略和计划。推行合伙人制是非常重大的管理变革，绝不是简单宣布一下就能成功。合伙人前期的理念沟通、顶层设计、各项机制的设计，乃至合伙人的选拔等都是非常重要和敏感的事情，需要最高层投入很多精力、深入思考、细致沟通并反复做工作。

推行策略首先要选择是全面推行还是局部试点，其次要用以终为始的思维方式来考察如何有效落地。

不少企业为了稳妥起见，选择从一个局部开始合伙人制试点，比如一项新业务或者某个项目/门店等，通过试点可以总结经验，引起广大员工的兴趣，然后再推广开。这种方法比较稳妥。例如万科的合伙人制首先是从项目跟投做起，逐渐唤醒全员合伙的意识，然后推向纵深。也有企业从一开始就全面推行，例如笔者服务的几家客户，它们的实控权非常稳定，实控人是唯一股东或者绝对大股东，推行起来阻碍很小。选择哪种模式，要根据企业的具体情况而定。

　　不管从哪个层面开始试点，企业都要用以终为始的思维方式来考虑如何能够取得最大的效果。有的企业对可能的阻碍及风险做了充分的考虑，比如：某些股东可能阻碍合伙人制，应如何处理？员工对合伙人制的理解和体验不到位，该如何处理？未虑胜先虑败，这也是一种非常好的思路。

　　推行策略从一开始就考虑好了，后续的落地实施才会比较顺畅。

第 3 章

合伙人治理机制

3.1 合伙人制的总体定位

3.1.1 合伙人组织在企业治理中的 5 种定位

相较于公司中的三层治理机构，合伙人组织应有什么样的定位？它与这三层机构的关系应该是怎样的？

传统的公司治理的核心应该是股东层、董事会层、监事会层、经营层几个层面的权力配置体系。股东层是出资人，是企业的所有人，拥有对企业前途命运的最终决定权，引起企业的分立、合并、注销、增发等最重要的事项，都应该由股东会决策。因为企业的分立、合并、注销、增发决定了企业的基本哲学问题，因此股东层面的权力属于终极权力。

董事会的形成是公司治理的第一次委托代理权的产生。股东由于各种原因（精力限制和专业限制）没有办法亲自管理企业，需要委托某些自然人代股东行使部分企业的决策管理权，这些自然人的代表就是董事，若干董事组成董事会。在这个委托代理关系产生之前我们应该明确一个问题，那就是企业内部的各项权力本来都是股东的，如果时间与专业限制不存在的话，一般的股东会自己去管理企业，或者说自己亲自去管才是最科学、最合理的安排，因为只有股东对自己出资的企业是最关心的，利益是最一致的，只是因为客观因素的存在，才不得不形成委托代理关系。

在委托董事会负责企业的经营决策之后，董事会又向经营层进行了第二次委托，这个第二次委托就是董事会留下了对企业未来发展至关重要的投资决策、年度预算、重要人员的使用等关键权力之后，将其他的日常经营管理权又委托给了经营层团队。需要说明的是，董事会成员可以不是行业或者经营专家，但是经营层团队应该是专家。董事会懂得企业的发展之道，能够从哲学层面来对企业进行整体规划，在方向上不至于出现偏差，同时掌握重要岗位的人员任命，把握企业的发展方向。而经营层对企业内部的具体经营管理事务十分熟悉，能够把握好流程、成本、标准、风控、激励等方面，使企业朝着董事会确定好的方向前进。

有了董事会负责决策与方向，有了经营层负责具体的业务经营，作为出资人的股东仍然觉得不放心，他们会担忧，害怕董事会侵害自己的利益，更害怕经营层利用自己的信息优势形成内部控制。这种内部控制包括内部享受以及关联交易，比如说经营层会花大价钱给自己打造公关品牌，出差享受头等舱与五星酒店，这些支出未必都是合理的，也未必是必要的，这些支出就是在损害股东利益。同时股东还会担忧董事与经营层利用职位和信息优势内外勾结，开展关联交易，比如与某个董事的自有企业以不正常的低价签订销售合同，从而将利润留在企业外部，损害本企业的利益。

股东的这种担忧促成了公司治理的第三次委托代理行为（见图3-1），也就是委托监事代为监督董事与经营层的行为是否损害了股东的利益，如果损害了股东的利益，就应该及时采取措施制止。因此，监事虽然不负责决策与经营，却是独立于这两者之外的另一个机构，这种独立使得监事的工作不受董事会以及经营层的掣肘，监事直接对股东汇报，对股东负责，以此规避董事会和经营层损害股东利益的行为。

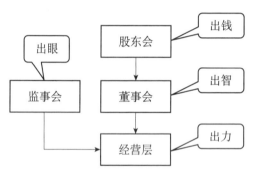

图3-1　公司治理的三次代理关系

三次委托代理关系使企业形成了由股东会、董事会、监事会、经营层组成的治理结构。

成立合伙人组织，首先要明确其定位。5种定位模式如图3-2所示。

（1）定位1是合伙人制最理想的选择。所有的合伙人都是股东，所有的股东都是合伙人，大家一起出钱又出力，投入度最高，监管成本最低。比如，华为将股权分给了几万名内部员工，没有一个只出钱不出力的外部股东，这就保证了合伙人队伍的纯洁性，保证了

公司治理结构	合伙人组织的5种定位
股东会	1.等于股东会，高于董事会
	2.拥有实控权，高于董事会
董事会	3.等于董事会
经营层	4.相当于小股东，低于董事会
	5.低于董事会，局部实控人

图 3-2 5 种定位模式

对员工的最大激励。试想，你把分给股东的钱拿来激励员工，员工能不有干劲吗？就像任正非所说，华为本来没有人才，给的钱多了，不是人才也变成了人才。采取这种定位，对创始股东的考验是最大的，他必须有非常大的决心将股份拿出来共享，突破这一点很不容易。任正非到现在为止仅占有 1‰ 左右的股票，他的牺牲是很大的。另外就是要保证股权的动态性，股份不能流出公司，股东必须是公司员工。因此可能需要采取虚拟股的形式，并且对股东进行动态调整。

（2）定位 2 是当下创投模式催生的一种模式。创始人及其团队作为强势小股东，对企业有着强大的控制权，融资股东愿意将控制权交给他们，完全授权他们进行管理，甚至放弃股权上的表决权。这种定位往往是博弈形成的，而非主动设计的。例如，阿里巴巴的股东软银和雅虎自知没有能力管理阿里巴巴，因此完全授权给马云及其团队，马云等获得了控制权，在此基础上组建了合伙人团队。合伙人委员会有提名多数董事的权力，因此能够控制董事会。采取此种定位，对合伙人制的推行也是非常有利的，企业能够实现和定位1差不多的效果。

（3）定位3是等于董事会，通常在实控人完全授权合伙人团队或者实控人本人也作为合伙人一员加入合伙人团队的情况下发生。比如采用合伙人制的私募股权投资，有限合伙人将管理权完全让渡给普通合伙人，普通合伙人就拥有类似公司制的董事会的权限。如果实控人本人加入了合伙人团队，那么他的意志就相当于董事会的意志。我们做的咨询案例中，不少拥有绝对控制权的实控人加入了合伙人团队，出任永久合伙人或者创始合伙人，他的权力就从董事会转移到合伙人团队了。

（4）定位4是需要避免的一种定位。企业不希望出现一个由内部人控制的小股东来和大股东进行博弈，导致企业的权力结构失衡。合伙人制设计的一条基本原则是分利不分权，要保持原有控制权结构的稳定。如果站在内部合伙人的角度来看，这种定位会导致向实控人争权。

（5）定位5比较常见，项目/门店/业务的合伙都是这种模式。公司的合伙也可以从这些层面开始起步。

3.1.2　如何选择合适的定位

企业无论选择哪种定位都要从自身实际出发，我们推荐尽量选择前几种定位，因为实践表明，越是靠前的定位，对企业的长治久安越有益。如果华为不是从一开始就选择了定位1，可能发展不到今天的高度。很多企业希望先有一流的人才，创造出一流的业绩，之后出台一流的机制。有这种想法的企业很难做大。一定是先有一流的机制，吸引来一流的人才，才能创造一流的业绩；有了一流的业绩，才能吸引更一流的人才，形成一个良性循环。华为的机制从一开始就构建得非常好，因此能够吸引郑宝用等优秀人才的加盟。

企业到底选择哪种定位，取决于实控人意愿和合伙人集体实力的博弈。

（1）实控人意愿。实控人希望采取哪种定位？他的意愿非常重要。实控人愿不愿意放权、愿不愿加入合伙人团队等，都是定位选择的重要变量。如果实控人不愿意放权，只希望局部试点，那么可能只能选择定位 5；如果实控人非常大度，愿意和大家最大程度的共享，那么可能可以选择定位 1。

（2）合伙人集体实力。合伙人作为一个集体，与实控人相比是怎样的实力对比格局？这个格局直接决定了可以选取何种定位。如果合伙人集体拥有非常大的话语权，那么在面对拥有多数股权的股东时，是可以获得超出股权比例的控制权的。比如马云及其团队仅仅是小股东，但是面对软银和雅虎，他们拥有极大的话语权。整个阿里是在合伙人团队领导下做起来的，马云作为领袖拥有巨大的影响力，软银和雅虎不可能拥有这样的管理能力，并且外资的限制和私募股权投资的惯例导致它们只能选择相信马云，授权给马云团队。因此，阿里巴巴的合伙人制可以选择定位 2，这是由合伙人团队的实力决定的。另外，实控人是否加入合伙人团队，对合伙人集体的实力有着极大的影响。比如万科的合伙人团队由内部经营层组成，他们掌握着企业经营权，并拥有一定的股权和董事会席位。合伙人团队有一定的实力，所以能与实控人进行博弈，目前万科的合伙人制是一个权衡的结果。还有一种比较特别的情况，如果实控人本人加入，那么他实际上是带着实控权加入的，此时，合伙人集体的实力大增，自然可以选择理想的定位模式。在笔者操作的合伙人制咨询案例中，有不少是实控人本人亲自加入合伙人团队的，这在定位模式的选择上就有了很大的空间，可以考虑多种定位模式。实控人此时身兼两种角色，一是作为实控人本人，需要对合伙人团队进行授权；二是作为合伙人团队的领袖，需要建立合伙人制的规则。

每家企业只能根据实际情况来选择相应的定位模式。其中，实控人的意愿是最重要的，它直接决定了合伙人制的定位。

3.2 合伙人股权架构设计

股权架构设计是公司的顶层设计。企业的技术或运营出问题，可以换个模式甚至换人。如果企业的股权架构出问题呢？可能会导致创始人对企业失控或出局，或者合伙人内讧，合伙人与投资人无法进入，企业决策效率低下。

科学的股权架构设计有以下作用：（1）合理的股权结构可以明晰股东之间的权责利，科学地体现各股东对企业的贡献、利益和权利，使各股东的积极性得以充分调动；（2）合理且稳定的股权结构及恰当的退出机制有助于维护公司和创业项目的稳定；（3）在未来引资时，股权要稀释，完美的股权架构有助于确保创业团队对公司的控制权；（4）无论是主板、创业板还是新三板，均会要求上市标的股权结构明晰、清楚、稳定，完美的股权架构有利于企业顺利走向资本市场；（5）避免出现公司股权僵局或股权争议，避免重蹈"真功夫""西少爷"等股权争议覆辙。

企业股权设计不能一蹴而就，也不可能一劳永逸。股权设计是一个在发展中不断完善的过程，企业需要根据业务发展、合伙人状态等多种因素，对股权结构持续调整优化。

以笔者咨询过的 HB 集团为例，在 2010 年之前，C 总曾经采用传统的股权激励，将一众高管变成了内部股东，但是一段时间后发现，高管之前的工作背景复杂，有的来自政府部门，有的来自银行，有的来自开发商，大家在思维、工作习惯、发展理念上有很多冲突的地方。开股东会的时候，大家经常吵吵嚷嚷，达不成一致意见。很多机会也因此错过了，给集团经营造成了很大干扰。C 总为此非常头痛，意识到股权激励存在很大弊端。我们为他设计了股权优化方案，经过一番运作，原有众多小股东退出，C 总成为集团唯一股东。

此后，C 总决定采用分利不分权的原则来设计激励机制和控制权架构。对中基层合伙人，采用"增值＋分红"的 TUP 模式进行 3～5 年的激励；对于经过考验、符合长期发展要求的少部分核心合伙人，采取有限合伙平台进行相对长期的激励，他们作为有限合伙人可以享受增值和分红，额度更大，并且没有明确的终止期限，但是控制权和实际股权仍然在 C 总手中。所有合伙人是动态的，能进能出，能上能下，而且不影响公司治理架构。

3.2.1　初创企业的股权架构设计

企业初创期是最需要明确股权，同时也是股权架构最容易出问题的时候。很多创始人和合伙人对股权缺乏认识，容易轻率地把股权分了，造成很大隐患，等到后续出现问题来调整时，往往要付出巨大的代价。在初创期就设计一个良好的股权架构，对企业后期发展影响重大。创始合伙人有必要了解以下股权设计原则。

1. 初创阶段，合伙人多少最合适？

新东方的俞敏洪请了三个人做合伙人，人称"三驾马车"。

腾讯的马化腾请了五个人做合伙人，人称"腾讯五虎将"。

百度的李彦宏请了七个人做合伙人，人称"百度七剑客"。

阿里巴巴的马云请了十八个人做合伙人，人称"十八罗汉"。

纵观创业圈子，创业成功的合伙人数量不一。通过对过往案例的分析发现，创业团队中有两三个合伙人是最容易成功的。

为什么一个人不容易成功？因为一个人的时候，无论公司遇到什么问题都很难找到依靠，更别说解决方案。这是非常令人崩溃的一点。

假如一个人创业前期还算顺利，可能会变得无比自大，不愿接受别人的建议。由于没有合伙人制约他，很容易出现"一言堂"。

有时候下属明明知道是错的，但是由于老板太强势，他们只能执行，最终一败涂地。

为什么人多也不好呢？假如说你有 7 个合伙人，在公司遇到发展方向分歧时，每个人一个方向怎么办？比如说你们是做互联网创业的，在团队建成后，有的要做电商，有的要做社交，有的要做游戏，为此争得不可开交，这会造成创业团队的内耗。本来创业团队就势单力薄，再加上意见不统一，很容易出现有人离职的现象。这在创业前期是很影响士气的一件事。

所以综合下来，3 个人最合适。

下面我们重点讲讲 3 人合伙的股权架构：315 模型。

"3"是指 3 个股东合伙人，这是最理想的股权架构。

"1"是指一股独大，其中一个合伙人就是带头大哥。公司初创的时候，合伙人之间没有太大的矛盾与冲突，就像打乒乓球，球过来必须得打，球就是问题，问题出现了你就必须去解决。一旦公司走上正轨，合伙人容易各怀心事，就像打高尔夫，没人跟你对着打，你朝哪儿打，你打多远，都取决于你自己的决定，这时是非常考验能力的。

"5"是指带头大哥的股份必须超过 50％。创始人拥有企业 67％的股权是最佳股权结构，不仅可以顺利贯彻相关政策，还能确保企业正常运行。最忌讳的是平均分配股份，3 个人各 33％。

2. 如果是 4 人乃至更多人合伙，股权应该如何分配？

首先我们要清楚，影响股权分配比例的主要因素有哪些。

(1) 经验和资历的丰富度。假设有 10 年从业经验、有创业背景的 A 和在大公司工作了 4 年的 B 共同创业，谁的经验更丰富，谁就应该拿更多的股权。

(2) 对公司未来成长的贡献。假设有一个偏渠道运营、技术门槛不高的互联网公司，有商务推广背景的 A 和有技术背景的 B 共同创业，谁的贡献大，谁的股份就应该多。

(3) 获取资源的能力。假设与业内众多优秀人才交好、熟悉产业上下游各环节、容易获得风投机构信任的 A 和一直埋头苦干、鲜少抬头看路的 B 共同创业，谁的资源多，谁的股份就应该多。

(4) 对产品/用户/市场的了解。假设有一个做互联网消费级产品的公司，有在腾讯 4 年核心产品运营经验的 A 和有在外包公司 6 年项目管理经验的 B 共同创业，A 对用户的理解可能大大强于 B，因此股份也应更多。

(5) 热情、专注、坚定的程度。假设总花很多时间去思考/研究/打磨/优化产品、即使全世界的人都怀疑他也能坚持下去的 A 和想法不多、容易被鼓动、执行力超强的 B 共同创业，A 的股份应更多。

(6) 人格魅力、领导力。假设 A 和 B 共同创业，谁更能吸引人才加入、鼓舞团队的士气、给大家持续注入愿景和理想、在最艰苦的时候能保持团队的凝聚力，谁的股份应更多。

3. 股权分配具体应该如何操作？

关于股权分配，我们不妨按照如下框架来计算。

首先确定创始人。创始人是承担了风险的人。判断创始人的简单方法是看他拿不拿工资，如果在创业之初都没拿工资，那他就是创始人。

然后确定创始人的身价。确定身价有以下几个环节：

①创始人获得相同股权。我们给每个创始人 100 份股权。假设现在有 3 个合伙人加入公司，那么一开始他们的股权分别为 100/100/100。

②召集人的股权略多（股权增加 5％）。召集人可能是 CEO，也可能不是 CEO，谁召集了大家一起来创业，谁就应该多得 5％ 的股权。假设 A 是召集人，那么现在的股权结构为 105/100/100。

③创业点子及执行很重要（股权增加 5％）。如果创始人提供了最初的创业点子并成功执行，那么他的股权可以增加 5％（如果之前是 105，那么增加 5％ 之后是 110.25％）。

看看 Facebook 在创业初期的情况。当时，扎克伯格的理念是"让网站有趣比让它赚钱更重要"，萨维林想的则是如何满足广告商的要求从而多赚钱。短期看萨维林是对的，但这么做不可能成就一家伟大的公司，扎克伯格对此心知肚明。可见扎克伯格在创业点子上是更为关键的人物。

④迈出第一步最难（股权增加 5％～25％）。如果某个创始人提出的概念已经着手实施，比如开始申请专利，有一个演示原型，有一个产品的早期版本，或者有利于吸引投资或贷款，那么这个创始

人可以得到额外的股权，从 5％ 到 25％ 不等。

⑤CEO 应该持股更多（股权增加 5％）。CEO（首席执行官）作为对公司贡献最大的人理应拥有更多股权。一个好的 CEO 对公司市场价值的作用要大于一个好的 CTO（首席技术官），所以担任 CEO 的人股权应该多一点。

⑥全职创业是最有价值的（股权增加 200％）。如果有的创始人全职工作，而有的联合创始人兼职工作，那么全职创始人更有价值。因为全职创始人工作量更大，所冒风险更大。

苹果电脑是沃兹开发的，但乔布斯和沃兹股份一样（沃兹的父亲对此非常不满），因为乔布斯不仅是个营销天才，而且拥有领导力，意志坚定、激情四射，全职创业。而沃兹生性内敛，习惯于一个人工作，并且最初只愿意兼职为新公司工作，在乔布斯和他的朋友家人百般劝说下才同意全职。

⑦信誉是最重要的资产（股权增加 50％～500％）。如果创始人是第一次创业，而他的合伙人里有人参与过风投成功了的项目，那么这个合伙人比创始人更有投资价值。在某些极端情况下，创始人会让投资人觉得非常值得投资，这些超级合伙人基本上消除了企业创办阶段的所有风险，所以最好让他们在这个阶段获得最多的股权。

Facebook 的天使投资人是创始人帕克的朋友介绍的彼得·泰尔，他注资 50 万美元，获得 10％ 的股份。之后，Facebook 的发展可谓一帆风顺，不到一年就拿到了 A 轮融资——阿克塞尔公司投资 1 270 万美元，公司估值 1 亿美元。7 年后的 2012 年，Facebook 上市。

⑧现金投入参照投资人投资。很可能某个合伙人投入的资金相对多，这样的投资应该获得较多的股权，因为最早期的投资风险往往最大，所以应该获得更多的股权。

最后进行计算。如果 3 个创始人的股份现在是 200/150/250，那么将他们的股份数相加（600 份）作为总数，再计算他们每个人的持股比例：33%/25%/42%。

当然，股权分配是一种博弈，是不同角色之间的讨价还价，也与人的性格有关，总之没有一个标准答案，需具体问题具体分析。如果创始团队就以上问题不能达成共识，建议聘请一位法律顾问或者投资顾问，以确保股权架构的合理性。

3.2.2　发展期的股权结构设计

处于发展期的企业逐步走向规范化，企业老板会将经营管理权下放，中层、高层初具雏形。此时，老板可以抽身出来，对企业进行战略规划，长远思考。创业初期我们提倡"一股独大"，但老板不能什么事情都亲力亲为，当企业发展到一定阶段之后还要实行一个非常重要的机制——"两权分离"，也就是企业的控制权和经营权一定要分离，经营权一定要下放给能人，创始人享有控制权就可以了。

如果要对接资本市场的话，就需要开辟新的业务，或者从老业务中细分出新的业务，新设一个公司，这种业务就称为"战略性业务"。新公司的业务可以对外公开，有市场前景，适合对接资本市场，股权模式是股份有限公司。

为了安全起见，我们需要把新业务和老业务做个划断，划断之后，创始人的股份和其他的股份就不在同一层面上。所有的员工股、激励股、投资人股都可以放在新公司，这样新公司的股东只对新公司有查账权、知情权，没有对母公司的知情权。母公司的股东可以知道子公司的所有情况，但是子公司的股东只能知道子公司的情况，这就一定程度上在新老公司之间形成了一道防火墙，确保公司的稳定和安全。

战略性业务一般不是老板熟悉的领域，需要请专业的经理人运作，这些人通常作为合伙人从外部引进，可能需要实施股权激励。这时通常的做法是：创始人或者公司与合伙人就战略性业务成立一个新公司，合伙人作为小股东，一般股份不超过30％，拥有经营权；公司是大股东，拥有绝对控制权，但不干涉公司的日常经营。新公司在前期可能并不赚钱，为了解决资金问题需要引进投资人，股权在这个时候会稀释，一般作为员工激励的股权稀释比例应控制在10％以内（公司上市的话要控制在5％以内），投资人的股权稀释比例在10％～20％（平均15％），这个比例是根据企业发展需要而定的，但是不能失控。

在企业发展期，如果创始人要实现相对控股，最好拥有大于1/2的股份，51％是个分水岭，这主要是针对上市考虑的。

随着企业进一步发展，市场份额逐步扩大，不少风险投资基金会有意投资。如果创始人在前期就有资本战略的考虑，那么此时企业已进行了几轮融资。企业一方面需要吸引风险投资，另一方面需要完善治理结构，做好股权激励。股权的价值在这个时候凸显，股权激励的效果也非常明显。

这个时期需要在主体公司业务的基础上向外拓展，做大公司体量。比如跟经销商合作，成立合资公司，共同拉动销售；跟供应商成立公司，建立长线战略关系；兼并或者收购其他公司，成立子公司。这些业务我们称为"机会性业务"，公司的规模扩大基本上都源于子公司的增加。

在扩大公司规模的过程中释放的股权比例一般在10％～15％，这个范围比较合理。经过这个阶段对外释放股权，创始人最好拥有公司 1/3 以上的股份，拥有否决权，或者通过持股平台的设计，拥有控制权，以保证公司的安全。

3.2.3 引入重要合伙人的股权结构设计

引入重要合伙人，如果涉及股权激励，一定注意不要采取传统的股权激励，它的弊端是：第一，激励和贡献没有强关联；第二，产生搭便车现象；第三，激励效应弱；第四，公平性无法保障。我们应该考虑采用面向增量的长期激励方式，不一定是股权形式。

例如，有一家公司要猎聘一个 AI（人工智能）方面的负责人，老板提出，拿出个人 0.5％的股权给他，但候选人觉得 0.5％的股权太少了。老板听了后觉得很郁闷，自己的市值将近 400 亿元，0.5％的股权大概价值 2 个亿，不少了啊，难道这个人胃口这么大？候选人却说："其实我不是觉得绝对值少，是认为这个方案有问题。我只有 0.5％的股权，还是没有一种做主的感觉。"后来，公司换了一种方式，不给他公司 0.5％的股权，而是成立了一个子公司，他占30％的股权，未来公司将按照一个回购机制把他的股权转换到上市公司的股权。他听了很高兴。这听上去像一个朝三暮四的把戏，绝对值没变，只是从公司整体的股权变成了子公司的股权，但给人的感觉完全不一样，激励效应大不相同。

其实，对于新引进的重要合伙人就应该采取这种方式进行股权激励。即我给你成立一个子公司，把股权的权益配置在子公司上，未来按照你的利润贡献、销售额贡献或者知识产权的贡献等，再转换到母公司股权上去，这样激励效应就提高了。优秀的合伙人都希望个人的贡献能够清晰地体现出来。在上述案例中，猎头对新合伙人说："从理性的角度来讲，你现在拿到子公司 30％的股权，未来可能还不值上市公司 0.5% 的股权。"新合伙人回答说："我觉得你严重低估了我个人的水平，实现公司目标是没有问题的，子公司 30% 的股权会是上市公司 3%～5% 的股权。"因此，一个确定的股权比例，不管是 0.5%，1% 还是 1.5%，激励效应都低。人是活在希望中的，每个人都认为自己的贡献比别人大，能力比别人强，只有用一个多层级的动态合伙机制才会真正激发每个人的能量。

3.2.4 成熟企业改造的股权结构设计

不少企业是已经发展到相对成熟的阶段，再来进行合伙人制改造。一般情况是，老板出于种种考虑，例如二次创业、新业务开拓等，需要加强对核心团队的捆绑和激励。老板选择的合伙人一般是内部员工，合伙人的类型和层级比较多样。这种情况下，是否需要对合伙人进行股权结构设计，则需要具体情况具体分析。

针对最核心的团队成员，例如跟随老板多年、能力突出又久经考验的高管，股权就是一种可以考虑的方式，但一般不采用实股，而多以有限合伙等形式实现分利不分权；其他成员一般不考虑股权，通常采取的是利润分享、TUP 等形式。针对新业务，则可以考虑在该业务层面设计股权激励、跟投等，以激发新业务团队的干劲。

无论采取哪种方式，都要注意激励的动态性，确保能收能放、能进能出。

3.3 合伙人控制权设计

控制权是指拥有公司一定比例以上的股份，或通过协议方式能够对其实现实际控制的权力，即对公司的一切重大事项拥有实际上的决定权。理论上，如果拥有公司 50％以上的股份，就必然能对该公司实行控制。但实际上由于股份分散，只要拥有一定比例以上的股份就能获得股东会表决权的多数，即可取得控制地位。除基于股权的占有取得控制权外，还可通过订立某种特殊契约或协议而获得控制权。

控制权是和股权有联系又有区别的一个概念，完整的股权具有表决权，通过重大事项的表决实现对企业的控制，从这个概念上讲，完整的股权就是控制权。然而，股权有很多变种，有的有表决权，有的没有表决权，有的表决权大，有的表决权小，有的让渡给他人，导致控制权也出现很多变化。这是从股东会层面来看控制权，往下从董事会、经营层层面看，权力结构的不同同样会导致控制权出现很多变化。

每一个创始人都会竭尽所能来发展壮大企业，为此也会借助外力——融资。但是融资可能导致控制权的逐渐转让，当股权稀释到一定程度时，创始人的控制权就会受到威胁。想要保持创始人的控制地位，首先就要明白公司的治理结构和决策机制，从而掌握控制权的关键点。

1. 控制权的几个关键点

（1）＞67％，拥有完全绝对控制权。

（2）＞50％，拥有绝对控制权。

（3）＜50％，拥有相对控制权。

（4）＞34％，拥有否决权。

（5）＞33％，参股。

（6）＞20％，重大同业竞争警示线（不能投资两个企业都超过 20％）。

（7）＜5％，重大股权变动警示线。

（8）＞3％，拥有临时提案权。

2. 公司控制

大股东如何在创业企业的整体运营中把握控制权，可从以下三个方面来考虑。

（1）股东会的控制权。可通过设立有限合伙企业持股、投票权委托、一致行动人协议来控制。

（2）董事会的控制权。可通过签订一致行动人协议、过半数的董事席位由大股东委派等方式来控制。

（3）管理层的控制权。可通过总经理、财务总监、市场总监、技术总监、运营总监、人力资源总监等人员的选聘来确定对管理层的控制权。

公司的历次融资势必让创始人的股权不断被稀释，很难一直保持股权占比上的绝对地位。为了维持对公司的控股权，可以将其他部分股东的股权与投票权相分离，从而达到创始股东控制公司的目的。

常见的几种股权与投票权分离的方法有：

（1）投票权委托（表决权代理）。公司部分股东通过协议约定，将其投票权委托给其他特定股东来行使。如京东在上市前，11 家投资方将其投票权委托给刘强东行使，使得持股 20％的刘强东掌控京东上市前过半数的投票权。

➡ **案例**

阿里巴巴、京东的投票权委托

腾讯是京东第一大股东，为何影响不了刘强东的控制权？

截至 2016 年 8 月 19 日，腾讯通过 3 次增持京东股票而成为第一大股东，占股 21.25%，而刘强东以 18.2%股份比例成为第二大股东。

按照协议，腾讯把其所持有的京东股票的投票权全部委托给刘强东行使。于是，腾讯投票权为 4%，而刘强东则超过了 80%。

可以看出，腾讯虽然是京东的第一大股东，却丝毫不影响刘强东对京东的绝对控制权。从某种意义上说，腾讯更多地扮演了财务或战略投资人的角色。

阿里巴巴也存在投票权委托的安排，马云在上市前所占股比为 8.8%，管理层总计 14.6%；软银 34%；雅虎 22%。马云等与软银和雅虎通过投票权委托协议约定，取得软银（超出 30%的部分）和雅虎（最多 1.2 亿股）委托的投票权，从而实现了在阿里巴巴上市前软银和雅虎总计投票权不超过 49.9%的最终目的。

（2）一致行动人协议。通过协议约定，某些股东就特定事项采取一致行动。意见不一致时，某些股东跟随一致行动人投票。

一致行动人与投票权委托的区别在于，投票权委托可以是全权代理，而一致行动人指的是针对特定事项的部分代理。

➡ **案例**

腾讯股东的一致行动人协议

南非 MIH 公司持有腾讯公司 33.51%的股份，是第一大股东。马化腾持股仅为 9.1%，但南非 MIH 公司基于信任将投票权让渡给马化腾。虽然南非 MIH 公司是腾讯公司的第一大股东，但它从买入腾讯公司的股份开始，只拿分红，从未减持。从这个意义上说，南非 MIH 公司真是天底下最好的甩手掌柜，也是最佳的战略合伙人与财务投资人。

奥秘在哪里？就在马化腾实行的一致行动人协议。我们沿着股权这条主线，再深入研究南非 MIH 公司的股权投资图谱，会有惊人的发现，腾讯公司与中国工商银行居然有某种意义上的交集。

一致行动人协议指通过协议约定，某些股东就特定事项采取一致行动。意见不一致时，某些股东跟随一致行动人投票。比如，创始股东之间、创始股东和投资人之间就可以通过签署一致行动人协议加大创始股东的投票权权重。一致行动人协议的内容通常体现为一致行动人同意在其作为公司股东期间，在行使提案权、表决权等股东权利时做出相同的意思表示，以其中某方意见作为一致行动的意见，以巩固该方在公司中的控制地位。

我国对上市公司一致行动人有详细的规定，即在上市公司的收购及相关股份权益变动活动中有一致行动情形的投资者，互为一致行动人。如无相反证据，投资者有下列情形之一的，为一致行动人：（1）投资者之间有股权控制关系；（2）投资者受同一主体控制；（3）投资者的董事、监事或者高级管理人员中的主要成员，同时在另一个投资者担任董事、监事或者高级管理人员；（4）投资者参股另一投资者，可以对参股公司的重大决策产生重大影响；（5）银行以外的其他法人、其他组织和自然人为投资者取得相关股份提供融资安排；（6）投资者之间存在合伙、合作、联营等其他经济利益关系；（7）持有投资者30％以上股份的自然人，与投资者持有同一上市公司股份；（8）在投资者任职的董事、监事及高级管理人员，与投资者持有同一上市公司股份；（9）持有投资者30％以上股份的自然人和在投资者任职的董事、监事及高级管理人员，其父母、配偶、子女及其配偶、配偶的父母、兄弟姐妹及其配偶、配偶的兄弟姐妹及其配偶等亲属，与投资者持有同一上市公司股份；（10）在上市公司任职的董事、监事、高级管理人员及其前项所述亲属同时持有本公司股份的，或者与其自己或者其前项所述亲属直接或者间接控制的企业同时持有本公司股份；（11）上市公司董事、监事、高级管理人员和员工与其所控制或者委托的法人或者其他组织持有本公司股份；（12）投资者之间具有其他关联关系。

（3）间接控制。可以让股东不直接持有股权，而是把股权都放在一个持股平台（例如有限合伙企业）里面，让这个持股平台来持股。

创始人为持股平台的普通合伙人，其他股东为有限合伙人，按照法律规定，有限合伙企业的有限合伙人不参与企业管理，从而达到创始人控制合伙企业进而扩至公司的目的。

➡ 案例

国美的股权之争

2006 年 7 月，黄光裕收购了陈晓的永乐电器，陈晓由此进入国美电器担任总裁。2009 年 1 月黄光裕因被拘辞去国美董事会主席之职，陈晓接任并开始"去黄化"。2010 年 5 月 18 日北京市第二中级人民法院判处黄光裕有期徒刑 14 年，于是黄光裕与陈晓的股权之争开始浮出水面。入狱前黄光裕持有国美电器 33.98% 的股份，陈晓则为 1.47%。陈晓为了激励管理层，提出股权激励与增持股份的方案，但遭到了黄光裕的强烈反对。

黄光裕、陈晓对国美的控制权之争白热化，两大阵营的历次交锋比电视剧更精彩。

假如当年的黄光裕在国美电器之外成立一家新公司C，股东就他和陈晓两人，占比分别为85.3％和14.7％，股份来源为黄光裕所持国美电器的8.53％和陈晓的1.47％。新公司C作为持股平台持有国美电器10％的股份。那么，黄光裕直接持股就会由原来的33.98％降至25.45％，间接持股为8.53％。

通过双层公司架构的股权布局，陈晓就不可能与国美电器有直接的关系，因为他在新公司的股份仅为14.7％，所提出的任何方案都须黄光裕同意（超过2/3），包括新公司向国美电器申请召开股东大会的提案等。但这种股权布局也有弊端，即双重交税。假如陈晓卖掉新公司C的股份，应缴企业所得税和个人所得税；假如他卖掉国美电器的股份，则只须缴纳个人所得税。

（4）境外架构中的"AB股计划"。如果公司使用境外架构，可以用AB股计划，实行同股不同权的制度。

主要内容包括：公司股票区分为A序列普通股与B序列普通股，其中A股由机构投资人与公众股东持有，B股由创业团队持有，两者设立不同的投票权。

➡ **案例**

谷歌、Facebook的AB股架构

谷歌公司在上市前将股票分为A、B两类，向所有外部投资人发行的均为A类股，即每股只有1个投票权，对公司上市前的投资者也是如此。而谷歌的创始人和高管则持有每股对应10个投票权的

B类股。谷歌公司的两位共同创始人佩奇和布林，加上CEO施密特一共持有谷歌公司大约1/3的B类股票，牢牢控制了谷歌公司的决策权。

为了保护创始股东的权益，Facebook公司在上市前使用了投票权为1∶10的AB股模式，这样扎克伯格一人就拥有28.2%的表决权。此外，扎克伯格还和主要股东签订了表决权代理协议，在特定情况下，扎克伯格可代表这些股东行使表决权，这意味着他掌握了56.9%的表决权。

近些年，在美国上市的京东、聚美优品、陌陌等大部分中国概念股都采取了AB股模式。AB股架构从本质上来说是用最少的钱办最大的事。在实际操作中，双层或三层股权架构能否实施，唯一的决定因素就是创始人和投资人谁更牛。AB股架构打破了同股同权的平衡，存在极大的风险，表现在：一是我国公司法倡导同股同权，不承认此架构；二是决策的风险，在企业决策正确的前提下，大家相安无事，但是如果创始人团队决策失误，这就相当于其他的股东或大股东都成了决策失误的"陪葬品"。

（5）创始人一票否决权。创始人在章程或者融资协议中明确自己在股东会、董事会等层面的一票否决权，凡是需要股东会决议通过的事项，虽然"我说行不一定行"，但是"我说不行，就一定不行"。

一票否决权的优点不言而喻，一票否决权听起来任性，但更像一种保护机制，可以保护拥有这项权利的投资人的核心利益。

大家可以看到，这里保护的是股东利益而不是公司利益，因此它的缺点显而易见，当股东的核心利益与公司的核心利益不一致或者拥有多个一票否决权的股东的核心利益不一致的时候，往往会出现无法做出决议的情况，导致公司无法正常运营甚至造成重大损失。已经衰落的小黄车就是最好的反面案例。

小黄车成立后进行了多轮融资，累计融资金额近150亿元人民币。投资人中，除金沙江创投董事总经理朱啸虎退出之外，其他重量级的投资方包括滴滴、阿里、经纬中国都是长期持有，因各个持有一票否决权的股东的核心利益不一致，小黄车的几次重大决策因一票否决权而搅黄了。

（6）控制董事会。一般情况下，公司的日常经营都由董事会决定。因此，如果能控制董事会，也就控制了公司的日常经营管理。董事会会议表决实行一人一票，作出决议必须经全体董事的过半数通过。因此，只要能掌握过半数的董事席位，就获得了多数的表决权。

在实践中，我们可以通过以下几种方式控制董事会。

①控制董事的产生方式。董事一般由股东会投票选举、股东委派或者董事会提名产生，还可以公开召集候选人，其中董事会提名最常见，创始人不妨将对自己有利的提名方式写入章程。

②对董事的资格进行审查。通过公司章程规定董事会成员的任职资格，如工作年限、持股比例、品行、贡献等，并在选举过程中严格审查候选人资质，过滤掉和自己利益不一致的候选人，提前控制董事会。

③限制董事的更换数量。可以通过公司章程规定每年改选董事的数量，或者设置更换董事的比例，以保持原控制人在董事会中的优势地位。

④限制股东提名董事的人数。通过公司章程规定股东提名董事

的人数，或者规定由董事会根据股东股权结构确定选举或改选的董事名额，以维持创始人在董事会中的优势地位。

例如，京东在股东协议中规定，公司（上市前）最多设立11名董事，其中A，B，C轮及上市前的领投人在持股数不低于各自相应约定的持股下限的情况下，分别有权任命一名董事，腾讯有权委派一名董事，也就是说，在董事会席位中，刘强东及其团队占据6席，投资人占据5席，投票权比例为6∶5，刘强东牢牢把握公司的控制权。

⑤设置特别表决事项。公司章程将一些重要事项列为董事会的特别表决事项，如董事提名、董事长选举、对外投资、融资及担保等，可以防止董事会控制权旁落。

结论：一家公司，只有去控制它，公司才有主人，才有方向。但绝对的控制不利于创新，在某种失控状态下，公司才能突破创始人的局限性和短板，具备爆发性裂变的可能性。所以说，控制中有失控，失控中有控制。

3.4　合伙人组织体系设计

3.4.1　合伙人组织的策略选择

合伙人组织分为两层。

（1）合伙人事务层面。这个层面的组织全部由合伙人组成，主要职责是管理合伙人相关的各类事务，包括选拔、管理、激励和退出等，相当于议事机构；采取这种组织的有华为、阿里巴巴等。华为工会就是这样一个管理组织。2001年1月11日深圳市政府发布地方法规《深圳市公司内部员工持股规定》，在政府层面推动深圳的公司试点内部员工持股。以工会社团法人名义持股的，公司工会必须首先依据《中华人民共和国工会法》第十四条的规定，依法办理法人登记，经核准登记，取得法人资格。工会代表持股员工行使股东权利和承担股东义务。工会委员会由工会大会或代表大会选举，向其报告工作并接受监督。在华为，工会委员会由各部门推选，目前由 7 人组成，成员包括工会主席、副主席、生活协调委员会负责人等。工会委员会在法律意义上不同于工会，但在实际中职责又与工会组织相近，在满足条件的情况下工会委员会登记为股东。总而言之，华为采用工会持股的方式，有其历史政策因素和对公司特性的考量。员工持股已成为历史，工会持股也逐步退出舞台。华为工会就相当于人数不设上限的一个有限合伙，但其便利性强于有限合伙。华为工会有法人资格，有限合伙没有；工会没有人数上限，而有限合伙有 50 人上限；工会成员离职就会丧失资格，有限合伙则未必。

（2）企业治理经营层面。合伙人组织扩大到企业的决策经营层面，甚至取代原有的董事会、经营层，合伙人组织直接介入、渗透到企业经营的各个层面，是合伙人组织全面发挥作用的体现。会计师事务所、律师事务所以及全面合伙人化的一些企业都采取这种架构。在笔者咨询的 HB 集团，唯一股东加入合伙人团队，成立了合伙人大会、合伙人决策委员会、监察委员会，全面取代了原股东会、董事会和监事会，实现了全面合伙人化。万科也在逐渐用合伙人取代现有的经营层，其最新的组织架构如图 3-3 所示。

这两种层面的组织都可以采用，并无优劣之分。一般而言，后一种组织更加彻底，适合选取定位 1，即彻底合伙人化的企业采用。

包括万科的诸位副总裁级高管，设立了3位牵头合伙人，主要负责3个中心。事业管理中心由万科首席运营官张旭负责；管理中心由万科首席财务官孙嘉负责；支持中心由首席风险官王文金负责

大多是万科总部各业务部门的负责人

包括26位近总部相应职能板块的业务骨干

总部的普通员工

图3-3　万科的合伙人组织

3.4.2　合伙人组织及权责

如果要推行彻底的合伙人制，图3-4中的组织设计可供参考。

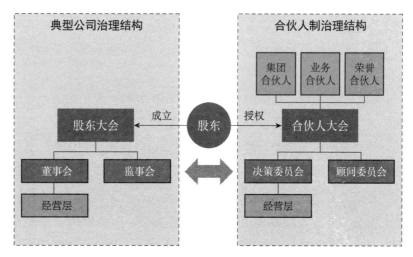

图3-4　合伙人组织与治理结构的对应关系

在上述设计中，合伙人大会相当于股东大会，这是因为全体股东完全授权给合伙人大会行使权利（通过委托投票/一致行动协议

等形式实现）。合伙人大会下设决策委员会，相当于董事会，顾问委员会负责监察，相当于监事会。笔者咨询的 HB 集团就采取了这种组织架构。

合伙人组织与企业治理机构是否能够共存？这个问题不能一概而论，通常有以下几种形式。

（1）相互独立。企业合伙人组织与企业治理机构共存，各自承担不同的功能，彼此互不隶属。例如万科的合伙人组织与股东会、董事会是分别独立的，它们的利益甚至是不一致的。

（2）部分融合。常见于合伙人组织与经营层/子公司董事会的融合。

（3）完全融合。合伙人组织定位较高，特别是在合伙企业或者像华为之类的组织，从股东会到董事会到经营层全是合伙人。

企业具体采取哪种形式，取决于合伙人组织的定位和企业的具体情况，例如企业规模、发展阶段等，不能一概而论。

一般而言，合伙人组织的权责包含两个方面，如图 3-5 所示。

合伙人事务权责	企业治理权责		
		定位	权责
主要指以下几个方面的权责： 1. 合伙人选拔 2. 合伙人管理 3. 合伙人激励 4. 合伙人退出	1	等于股东会，高于董事会	相当于股东会的权限
	2	拥有实控权，高于董事会	实控权（通过控制董事会实现）
	3	等于董事会	相当于董事会的权限
	4	相当于小股东，低于董事会	作为小股东和董事的表决权、对经营层面的掌控权限
	5	低于董事会，局部实控人	局部业务的掌控权限

图 3-5　合伙人组织的权责

➡ **案例**

阿里合伙人组织的董事提名和任命权限

（1）合伙人拥有提名董事的权利。

（2）合伙人提名的董事占董事会人数一半以上，因任何原因董事会成员中由合伙人提名或任命的董事不足半数时，合伙人有权任命额外的董事以确保其半数以上董事控制权。

（3）如果股东不同意选举合伙人提名的董事的，合伙人可以任命新的临时董事，直至下一年度股东大会。

（4）如果董事因任何原因离职，合伙人有权任命临时董事以填补空缺，直至下一年度股东大会。

上述权责通过股东会、董事会的授权、一致行动协议等方式实现，有些公司更为彻底，直接在章程中予以体现。以笔者咨询的HB集团为例，合伙人组织的权责通过唯一股东签署授权协议来实现，相对比较简单。

3.4.3 最高级合伙人的权限

一般而言，最高级合伙人至少拥有"最终一票否决权"，有的还赋予更高的权限（见表3-1）。

表3-1 最高级合伙人的权限

权限（从低到高排列）		定义
1	最终一票否决权	只有在最终时刻能够一票否决，不能从一开始否决
2	一票否决权	在任何时刻都能一票否决，但不能批准；相当于股权比例超过34%时所拥有的权限

续表

权限（从低到高排列）		定义
3	重磅表决权	赋予创始人大比例的表决权，例如 50%，34%等
4	一票决定权	最高权限，只要一票就能决定，相当于股权超过 67% 的权限

上述权限的使用取决于合伙人组织的定位和实控人的意愿。例如笔者咨询的 HB 集团，实控人 C 总倾向于放权，因此只在合伙人章程中保留了"最终一票否决权"。

第 **4** 章

合伙人选拔机制

4.1 什么样的人能做合伙人

什么样的人才是好的合伙人？

徐小平借用《心灵捕手》（*Good Will Hunting*）里的一句话"什么是你的心灵伴侣"指明，那些可以跟你较劲，能够毫无保留与你沟通，触动你心灵的人，才可能是好的合伙人。只有合伙人，才有这种意愿，才有这个资格，才有这种能力，在你失败的时候，跟你一起反败为胜。

找到理想的合伙人很难，合伙人也是一步步发展的。

作为合伙人的入门门槛，需要考虑四个基本因素：一是互相信任；二是能力互补；三是全职出力；四是必须有现金贡献。

（1）互相信任。合伙人要在具体事情上磨合过，一起同过窗，一起扛过枪，一起……欣赏你的优点，接受你的缺点，有基本信任。在信任的基础上，志同道合是进一步的要求，合伙人必须有共同的价值观。价值观简单来说就是某一社会群体判断社会事务时依据的是非标准、遵循的行为准则，比如认为什么有价值、什么没价值，该做什么、不该做什么，大家有一套共同的准则，这个准则就是价值观。有的人喜欢赚快钱，有的人坚持长期主义，两者的价值观不同，就不大可能走到一起去，所谓道不同不相为谋。

（2）能力互补。长板理论认为合伙人之间能力、性格等多方面互补，不仅能发挥个体优势，而且能实现整体功能的优化。能力互补包括五个方面：

①知识互补。不同知识结构的人思维方式不同，他们互为补充，就容易碰撞出思想的火花，获得最佳方案。

②气质互补。一个组织中既要有踏踏实实的"管家型人才"，也要有敢闯敢冲的"将军型人才"和出谋划策的"协调型人才"。

③技能互补。比如一个创业团队中，既有善于经营管理的，也有善于公关协调的，还有善于搞市场营销的和做行政人事的。

④性别互补。既发挥女性细心、耐心的优势，又展示男性粗犷、坚强的一面，各展其才，各尽所长。

⑤年龄互补。老年人经验丰富、决策沉稳，中年人精力充沛、反应敏捷，青年人勇于开拓、善于创新。不同年龄段的人相互补充，组织效率会更高。

（3）全职出力。工作时间上的投入是创始人对公司最主要、最重要的贡献。有3～5年全职投入预期的人，是公司的合伙人。这里要说明的是合伙人是在公司未来相当长的时间里有全职投入预期的人，因为创业公司的价值需经过公司所有合伙人一起努力，要相当长的时间才能实现。因此联合创始人中途退出后，不应该继续成为公司合伙人以及享有公司发展的预期价值。

（4）现金贡献。现金对于初创阶段的创业企业来说具有非常重要的作用。公司发展壮大、前景明朗之后，有很多投资人愿意投资，有了更多的可选择融资来源，资金的重要性其实降低了。但是在初创阶段，公司前景不确定，并没有很多人愿意投资，此时向公司投入现金就意义非凡。在企业发展壮大后，合伙人的现金贡献同样非常有意义，因为这是合伙人基本的担当。愿意投入，他才具备合伙人资格。在设计合伙人的激励机制时，即便企业不缺钱，合伙人通常也要付出一定的现金才能享受激励，这是合伙人激励的一个基本特征。

满足以上基本条件的人员，才有可能成为初创期的合伙人，合伙人如果具备以下条件更好。

（1）具有合作与共享精神。合伙人是抱团打天下，依据各自的长板共同努力，只有这样才能产生分工与协同的效应。如果某个人认为不需要任何人，自己一个人就能搞定，有个人英雄主义的倾向，那他就得离开这个团队。因为你不需要团队，所以团队也不需要你，你又不能为团队的其他成员做出价值和贡献。独狼是很难成为合伙人的。

（2）具有一定的资源。合伙人能够在早期带来一定资源，对创业成功会有非常大的助力。但不是说合伙人一定要有资源，不少很有资源的人反而因为后期不够投入或者过于相信资源而失败。

在企业发展期，除了要具备上述条件外，更加强调合伙人的成长潜力，希望合伙人的能力不断提升，能够成为未来的核心力量。

以笔者咨询的 HB 集团为例，它在成立 20 周年之际进行合伙人制改造，坚持以上述标准进行合伙人的初步筛选，将一批符合条件的人选拔为核心的平台合伙人，作为合伙的中坚力量，将不太符合或部分符合的人选拔为荣誉合伙人或者外部业务合伙人，保证了合伙队伍的凝聚力。

4.2　什么样的人不能做合伙人

1. 短期资源提供者

短期资源提供者无法保证持续的输出，甚至第一次输出都无法保证。例如某些人号称有关系，企业可能只是在某一时期或某一阶段要用到这种关系，之后则毫无意义。资源不稳定的人不适合做合伙人，可以做顾问来共享利益。

2. 兼职技术人才

众创时代，很多时候会邀约一些在职者一起帮忙，既然是兼职，就不会全身心投入，对方可以给你兼职，也可以给别人兼职。

3. 外部顾问

正常情况下，财务、法律、商业模式、融资理财等方面的外部顾问是临时性的，你不会因为一个项目就邀请他们做你的合伙人，但可以作为智力支持，支付费用比支付股权要划算得多。

4. 早期员工

刚开始员工彼此都不太了解，早期就吸收为合伙人，给彼此太多期望，就会留下后患。创业项目中，某人按照后续的发展应能独当一面，此时就把10％的股份给他肯定是不妥的，但如果是给一个团队，则是合适的。

5. 不认同企业理念，不能同舟共济的人

企业需要的是人才，是认同企业发展理念、能够为企业鞠躬尽瘁的人，不需要那种身在曹营心在汉的人，也不需要那种占着公司股权谋取个人私利的人。有时候企业失败可能不是因为企业的发展模式或商业模式出了问题，而是因为不适合企业的人影响了企业的长期发展。

6. 天使投资人

投资人的本质是逐利，如果天使投资人早期成为合伙人，容易对产品定位和后期发展产生影响，他们只是为了经济利益而加入，获利后就会及早退出。

以上这些都是在企业初创时期能够给企业的发展提供帮助的人，为了回报他们，年轻的创始人可能会分给他们股权，让他们成为企业的股东，但这种方式并不可取。企业家应该以企业的长远发展为出发点，将企业的股权分给对企业有帮助、认同企业发展理念的人。

笔者咨询的案例中，很多老板事后总结选拔合伙人的教训，发现都是错误选择了上述一种或者几种人作为合伙人。有的是外部很有人脉关系者，没加入之前说自己神通广大，真正加入了，发现并非如此，人闲在那里还拿着很高的薪酬；有的是早期员工，一开始很能干，但随着公司的发展，各种毛病就显露出来了，不学习，跟不上公司的发展。这些人都不适合做合伙人。因此，合伙人的选拔必须动态化，绝不能采取终身制。

4.3　合伙人核心团队搭配原则

合伙人团队必须形成一个有力的核心。五星电器、孩子王的创始人汪建国认为必须建立一个职能互补、能力互补的领导班子或者核心团队。这个核心团队怎么建？通俗地讲，五个动物搭配好就行了。

（1）高空的鹰。这种人思考问题立足长远，有战略思维。核心团队中一定要有这样的人，不然这个组织是不完整的。

（2）镇山的虎。关键时刻能稳住阵脚的人。

（3）叼肉的狼。就是有商业头脑、会赚钱、能引来顾客的人，要擅长带领团队。

（4）看家的狗。这个角色的任务是建立好的监督体系，规避可能的风险。

（5）变色龙。能够应对各种各样的突发事件，可以化解各种各样的危机。

如何判断一个核心团队的能力和战斗力？可以看团队中是否有这五类动物属性的领导者。通常有鹰或虎属性的领导者是核心，其他人是辅助角色。如果这五种角色都有，相对来说企业发展就会比较顺利，团队也相对稳定。

这个原则比较通俗易懂，企业家可以对照评估自己的团队，是不是五种动物属性的领导者都有了，如果没有，可以进行补充或调整。

4.4　合伙人分类分级

4.4.1　合伙人如何分类

合伙人按照内外有别可分为内部合伙人和外部合伙人，按照职能可分为平台合伙人、投资合伙人、业务合伙人、顾问合伙人，详细的分类我们在前面已经介绍。

一般企业都可能存在上述类别的合伙人，但也有企业只把内部合伙人称作合伙人，没有外部合伙人。承认外部合伙人的多是更加开放、更希望吸纳外部资源的企业。以笔者咨询的 HB 集团为例，它就包含了上述全部类别的合伙人。房地产企业如万科也设置了外部合伙人，例如毛大庆。采用渠道销售模式的企业更认可外部合伙人的重要性，它们将外部生态链（渠道/上下游等）都改造为合伙人，例如百果园的区域合伙人、各类门店合伙人等。

4.4.2　合伙人如何分级

合伙人通常需要分级，各级合伙人拥有不同的权利与责任，形成合理的梯队结构。

一般而言，内部合伙人可以分为 2～4 级，如表 4-1 所示。

表 4-1　合伙人分级

级别	特点
永久合伙人	拥有最高级别权限，通常是实控人、创始人等，多为 1～2 人

续表

级别	特点
A级合伙人	通常是核心股东、高管,一般拥有投票权,参与决策
B级合伙人	通常是企业中层骨干、业务/部门负责人,有一定比例的投票权
C级合伙人	通常是后备人员,没有投票权,有培养性质

如果合伙人团队规模较小,可以只分两级。

对于外部合伙人和荣誉合伙人,通常没有级别设置,即使有也只有1~2级。

➡ 案例

HB集团与龙湖集团的合伙人分级

笔者咨询的HB集团就是按照表4-1设计合伙人分级的,C总本人担任唯一的永久合伙人,A级合伙人由几个久经考验的集团高管、项目/区域高层担任,B级是集团中层干部和项目负责人,C级是后备骨干。

我们再来看龙湖集团的合伙人案例。龙湖合伙人分四层:永久合伙人、长期合伙人、高级合伙人、正式合伙人。第一批已经确认的合伙人共计103人,其中永久合伙人为现任CEO,长期合伙人12个,高级合伙人30个,正式合伙人60个。总部与一线公司合伙人数量大致相当,绝大部分来自地产和商业体系。

合伙人候选人全部提名产生,按照得票高低确定当选者。比如长期合伙人由提名委员会产生,委员会成员包括董事长、CEO与人力资源负责人,低级别合伙人由高级别合伙人提名。被提名候选人唯一的硬指标是效力龙湖的时间必须超过两年,不以任何出资为前提。

这103人不是最终名单，龙湖合伙人每届有三年任期，在第二年或第三年，这一名单将扩充到140人左右。这些人将参与股权池、现金池分配，并通过参与合伙人会议，履行举荐人才、传承并更新企业文化等职责。三年后，合伙人将重新洗牌。

龙湖方面称，合伙人在享有股权池及现金池分配权益的同时，亦受企业家精神的约束。比如，合伙人未能举荐人才，无法随时支持具有战略意义的工作，在企业文化的传承和更新方面未很好发挥作用，则视为参选下一届合伙人的否决条件。

从这一角度看，这些合伙人是龙湖建言献策的主力，也是龙湖的稳定器和加速器。

4.4.3 各级别合伙人的权利和义务

每一级合伙人的权利和义务都有区别，如表4-2所示。

表4-2 合伙人权利义务示例

	主要权利/义务	永久合伙人	A级合伙人	B级合伙人	C级合伙人
权利	参加合伙人大会并行使表决权	√	√	√	
	被选举为决策/顾问委员会成员	√	√	√	
	提名下一级合伙人人选	√	√	√	
	享有相应激励	√	√	√	√
	对集团经营行为进行监督，提出建议或者质询	√	√	√	√

续表

	主要权利/义务	永久 合伙人	A 级 合伙人	B 级 合伙人	C 级 合伙人
义务	遵守集团内部章程，自觉维护集团利益	√	√	√	√
	履行合伙人及担任的其他职务的职责	√	√	√	√
	保守集团秘密	√	√	√	√

上述权利和义务还可以具体展开，做出更细致明确的规定。

4.4.4　合伙人有无任期

一般而言，合伙人需要规定任期。企业通常设置的任期如表 4 - 3 所示。

表 4 - 3　合伙人任期示例

分级	集团合伙人	业务合伙人	荣誉合伙人
永久合伙人	永久	无	无
A 级合伙人	3 年	同任命周期	3 年
B 级合伙人	3 年	同任命周期	3 年
C 级合伙人	1 年	同任命周期	无

设置合伙人的任期是为了方便对合伙人实施动态管理，实现"铁打的股权池，流水的合伙人"的效果。如果合伙人没有任期，容易导致企业僵化、失去活力，不符合合伙人制的初衷。因此，绝大部分企业都设置了合伙人任期。但对永久合伙人不设置任期，通常默认他们是永久任职，不存在退休或退出的说法。

4.5　怎么找合伙人

4.5.1　初创期如何找合伙人

著名投资人徐小平说，如果你没有合伙人，没有一两个核心团队成员，最好不要成立公司。

怎么解决这个问题呢？

第一，先找人，再找钱。先有人，再有公司。如果你已经找到钱，再去找一个人的话，你已经是被市场定价的人。这时候对于加入的合伙人来说，你给他多少都是一种给予、施舍，而不是两个人一起定价，一起让市场认可。

第二，对于股权的分配要让合伙人觉得他和你是利益共同体。如果在一个公司里，老大拿90％的股份，剩下的三四个人，每个人只有一两个点，这家公司基本做不大。因为这时候那三四个人的心态不是"老二"而只是"小二"，他们只是跟着老大一起往前走，而不是作为公司的主人。

士为知己者死，有这样的合作伙伴当然很好，但这不是一个团队的最高境界，因为士为知己者死，依然是被雇佣的心态，依然是我在为你干活。

团队的最高境界是什么？

团队的最高境界是士为自己死，不是为知己，也不是为他人，而是为自己。

很简单，当你的二把手、三把手乃至你的团队把你的事业当成他的事业，把你的身家性命当作他的身家性命时，这个团队就会成为战无不胜的铁军，任何困难都打不垮，任何威胁都无法撼动。

对于一个创业企业来说，即使已经有一定的规模，要想走得更远，就一定要有持这种想法的合伙人：不是创始人给了自己活路，给了自己机会，而是说，这就是自己的事业，这就是自己的未来和梦想。

尽管对于一家早期公司或者大型公司来说，每一位合伙人都是弥足珍贵的财富，但要找到合适的，能和初创者、创始团队有化学反应的合伙人着实不易，列举几个方法供大家参考。

（1）寻找身边长期的业务伙伴。如果你在某个细分行业创业，应找该行业上下游的伙伴加入，他们对产品开发和业务发展有较大的帮助。

（2）通过自己的社交圈，寻找认识的或是相熟的人，这样会有一定的信任基础。

（3）借助社交网络，比如知乎、公众号、微博等，通过个人的号召力和影响力来寻找合伙人，这种方式对寻找特定的合伙人（增长黑客、技术大牛、资源丰富的私人猎头）有不错的效果。

要谨记的是，找合伙人对你自己和公司是一种考验，要有耐心并不断反思，也可以在面试合伙人的过程中多听听他们对公司的规划、对行业的理解，从而对自己创业的方向有更深层次的思考，也算是找合伙人之外的收获。到哪里去找合伙人呢？从你身边开始找起，你的亲人、同学、朋友、朋友的朋友、老乡邻居，在这个圈子里筛选一次；如果没有，那就去招聘，把你的愿景写出来，有能力的人自然会来找你，你再筛选一次；还没有合适的，就去参加一些创业比赛，去参加一些商业活动的聚会等，去那些地方找。具体的办法实施起来都会遇到困难，但是只要你去做了，办法总比问题多。

→ **案例**

HB 集团及小米雷军找合伙人

笔者咨询过的 HB 集团 C 总在寻找合伙人上不遗余力，爱才如命正是他的写照。他把招人当作与找地一样重要的事情，不断通过各种渠道去搜寻合适的人才，还能做到"不拘一格降人才"，同时坚持"不求为我所有，但求为我所用"。每当一个优秀人才加入后，C 总就会询问他还有什么优秀的人才可以推荐，往往是突破一个，形成一串。C 总对待人才十分慷慨，往往超出这些人的期望。良好的口碑让 C 总找到了很多优秀的合伙人。

至于初创期寻找合伙人，小米的雷军是一个著名的案例。雷军回忆他当时找合伙人的情景说：

> 当第一部安卓手机出现时，我强烈感觉到安卓机会重现当年 PC 击败苹果机的场景。于是我决定做手机，尽管之前没有从事过硬件产业，但不想错过中国下一个 10 年的机会。
>
> 年过 40，我再次回到创业的路上。2010 年 4 月 6 日，在银谷大厦 807 室，14 个人一起喝了碗小米粥，小米就此踏上征程。
>
> 但就像一个在手机行业门外观察了很久的人，真正跨进去，才知道会遇到很多创业者难以承受的"痛苦"。
>
> 首要的事就是找人。无论是什么样的企业，找优秀的人都很困难。解决这个问题只有两种办法：一是花足够多的时间找人；二是把现有的产品和业务做好，展示未来的发展空间和机会，筑巢引凤。
>
> 小米创立初期，规模小，甚至连产品都没有，如何组建强

有力的团队，如何获得对方的信任？在最开始的半年，我花80% 的时间找人。我虽然是连续创业者，但没有玩过硬件，最难搞定的，就是优秀的硬件工程师。

我的做法其实挺"笨"的，就是用韧劲。我用 Excel 表列了很长的名单，然后一个个去谈。我有个观点，要用最好的人，在核心人才方面，一定要不惜血本去找。这些优秀的人才大多有所成，你要让他们自己去发现答案，为何要舍去目前的一切和你一起做看似疯狂的事情。

那时候每天见很多人，跟每个人介绍我是谁，我做了什么事，我想找什么人，能不能给我一个机会见面谈谈。

失败的比例很高，我每天恨不得从早上谈到晚上一两点，仍迟迟找不到志同道合的人，备受煎熬。但我相信事在人为，创业者招不到人才，只是因为投入的精力还不够。

为了找到一个资深的、非常出色的硬件工程师，我连续打了 90 多个电话。为了说服他加入小米，我们几个合伙人轮流和他交流，整整花了 12 个小时。

当时他没有创业的决心，始终不相信小米模式能盈利，后来我开玩笑问他，"你觉得你钱多还是我钱多？"他说当然是你钱多，我就对他说，"那就说明我比你会挣钱，不如我们俩分工，你就负责产品，我来负责挣钱。"最后他"折服"了。

为了找硬件负责人，我们几个合伙人和候选人谈了有两个月，进展非常慢，有的人还找了"经纪人"来和我们谈条件，不仅要高期权还要比现在的大公司更好的福利待遇，有次谈至凌晨，我们几近崩溃。

中间倒是有一个理想人选，一个星期谈 5 次，每次平均 10

个小时，前后谈了 3 个月，一共谈了十七八次，最后一刻，这个人表示对于股份"无所谓"，我比较失望，发现他没有创业精神，不是那种我想要的人。

3 个月的时间里，我见了超过 100 位做硬件的人，终于找到了负责硬件的联合创始人周光平博士。第一次见面的时候，我们本来打算谈两个小时，从中午 12 点到下午 2 点，但我们一见如故，一直谈到了晚上 12 点。

后来，他告诉我，愿意加入小米的最后一锤子推力，是我跟他说，必要的时候，我可以去站柜台卖手机。所以，创始人到底有多想做成一件事情，在聊的过程中对方也在判断。

如果你没有那么多名单可以聊，你可以先问问自己，你最希望自己的合伙人是哪个公司的人，然后就去那个公司楼下咖啡厅等着，看到人就拉进来聊，总能找到你想要的人。我以前还用到过一个"笨"办法，到处请教"你认为谁最棒"，问了一圈下来，就有名单了。

找人是天底下最难的事情，十有八九都是不顺的。但不能因为怕浪费时间，就不竭尽所能去找。我每天都要花费一半以上的时间招募人才，前 100 名员工入职我都是亲自见面并沟通的。这样招进来的人都是真正干活的人，他们都想做成一件事情，所以非常有热情。

4.5.2　正轨期如何找合伙人

企业已经进入发展期，这时进行合伙人制改造，合伙人的来源除了外部引进外，主要是从内部员工、合作伙伴中选拔。

内部合伙人的寻找相对简单，他们已经工作了一段时间，是骡子是马已经相对清楚，企业只需要依据一定的标准将之选拔出来即可。当然，这是一个双向选择的过程，员工要有意愿才行，要愿意共担责任和风险，特别是愿意出资，这样才有可能被选拔进合伙人队伍。

4.6　内部合伙人选拔评价方法

4.6.1　各级合伙人的选拔标准

对于要采用合伙人制的大中型企业而言，企业已经发展到一定阶段，员工较多，现在的问题是如何从中选出合伙人。我们先看一个案例。

➡ 案例

阿里巴巴合伙人的资格

阿里巴巴合伙人的资格是：

（1）合伙人必须在阿里巴巴服务满 5 年；

（2）合伙人必须持有公司股份，且有限售要求；

（3）由在任合伙人向合伙人委员会提名推荐，并由合伙人委员会审核同意其参加选举；

（4）在一人一票的基础上，超过 75% 的合伙人投票同意其加入，合伙人的选举和罢免无须经过股东大会审议或通过。

此外，成为合伙人还要符合两个弹性标准：对公司发展有积极贡献；高度认同公司文化，愿意为公司使命、愿景和价值观竭尽全力。

从上述案例可以看到，内部合伙人选拔标准一般由相对明确的硬性条件和相对含糊的软性条件组成。硬性条件容易评价，而软性条件则取决于现有合伙人团队的判断，留有较大的操作空间。纵观多家企业的合伙人标准，基本都是如此。不少企业还将合伙人标准与现任职务挂钩，什么级别的管理者担任什么级别的合伙人，这也是一种标准。

选拔标准非常鲜明地体现了各家企业的特色，例如复星提出"合伙人要有军人的那种素质，要有高效的执行力；同时，对复星的愿景、事业又要高度认同、信任，并充满热情"。所以，复星合伙人产生的前提是"对复星文化和价值观高度认同，深刻理解复星的发展战略，善于学习，处于持续创业状态，有能力、有激情为公司发展贡献力量，不断创造价值"。龙湖集团唯一的硬性条件是"效力龙湖的时间必须超过两年，不以任何出资为前提"，但必须"具有企业家精神"。

总结各类企业的选拔标准，我们可以将之归纳为表 4-4。

表 4-4 内部合伙人选拔标准

选拔标准	说明
贡献标准	根据个人过往绩效、服务年限等判断，未来还将持续做出贡献
能力标准	必须有很强的创造价值的能力，且具有成长性
价值观标准	必须高度认同企业的价值观，传承和更新企业文化

4.6.2　贡献评价

贡献评价通常可以采用企业内的绩效评价结果。准合伙人过往的绩效评价结果原则上应当在良好及以上，不宜太低。绩效考核应持续进行，正式成为合伙人后，每年也应进行绩效考核。如果绩效考核结果过差，例如连续两年为 C（不合格），则可以要求合伙人退出。

绩效评价是非常必要的动态管理手段，即使已经成为合伙人，也应当接受动态的绩效考核，以保证合伙人持续输出高绩效。

企业需要建立绩效管理机制，如果没有，就应该有简化的绩效排名考核或者基于底线的考核，对诸如触犯红线、违反职业道德、造成重大损失等有明确规定。

笔者咨询过的 HB 集团规定，考核结果在 B 级及以上才能当选为合伙人，连续两年为 C 则需要退出合伙人。华为规定，业绩排名前 25% 的人才能当干部。贡献都不足以服众，如何当好干部？

4.6.3　能力评价

能力评价应当从底层的潜力和表层的技能两个方面入手。

如冰山模型（见图 4-1）所示，每个人的能力分为表层的技能（如演奏钢琴、制定计划、销售等）和底层的潜力（如学习敏锐度、人际理解力、坚毅等）。表层的容易观察，底层的不容易观察，但可以通过素质测评等工具进行评价。潜力评价的比重正在扩大，因为这个时代变化太快，企业更加看重一个人的发展潜力，比如能否快速学习新知识、能否很好地适应动态变化的环境以及创新能力等。

能力评价通常的套路是先建立能力标准，然后对照标准进行评价。这个过程比较费时费力，甚至需要聘请咨询公司参与。如果不想这么复杂，企业也可以简单地从以下两个维度进行判断。

（1）技能维度：他现在能否很好地胜任本职工作？

（2）潜力维度：他未来是否还有较大的潜力？

知识、技能

社会角色
自我概念
特质/个性
动机/内驱力、价值观

图4-1　冰山模型

如果两个问题的回答都是肯定的，那么可以认定能力是合格的；如果一个肯定一个否定，就需要进一步考察；如果两个都是否定的，则不用考虑。对于初创企业而言，往往只需考虑技能维度，人来了就能干活；进入正轨期，则往往会更加重视潜力维度，因为要看他未来能不能上升到一个新的高度，能不能为企业作出更大的贡献。

➡ 案例

对余承东的选拔

对余承东的选拔基于以下方面：

（1）把无线产品从亏损做到超盈利（扭转劣势）。

（2）把欧洲从小市场做到大市场（开创型）。

（3）把"事情"放大的独特能力。

（4）大嘴的风格。

华为消费者业务之前已经让3位副总裁败下阵来，形势非常不妙，而华为通过战略洞察，决定大举加码消费者业务，因此在内部人才盘点中发现了余承东，2011 年委以重任，任命他为终端业务CEO，结果证明这次选拔非常成功。

上述案例也许过于简化，当然更有可能是任正非本人超常的识人用人能力发挥了作用。一般企业在进行能力评价时，都会沿着"建标准—选方法—做评价"的思路进行，往往还会邀请外部咨询公司，以便对人才进行更准确的评价。在 HB 集团，笔者作为外部顾问，针对关键的合伙人岗位建立能力评价标准，并对准合伙人进行了 360 度评价。

4.6.4　价值观评价

价值观这个词可能很虚，但我们能够体会到它的巨大力量。价值观不同，合伙人终究走不远，最后还是会分手。很多合伙人的分歧在于价值观，而不是能力，也不是利益。价值观是驱动人的底层因素，不太容易衡量，转换成具体的问题就一目了然了。

（1）我们是追求小而美赚钱，还是追求先做大规模？

（2）如果公司赚到钱了，是先控制规模给股东分红，还是扩大规模投入再生产？

（3）公司如果赚钱了，员工的薪酬准备控制在怎样的水平？给他们怎样的空间？

（4）如果公司暂时没有赚到钱，但看到发展机会要投入，钱怎么出？

（5）如果公司运营遇到困难，暂时亏损了，你坚持不坚持，止损线在哪里？

（6）如果控制成本、牺牲一定的品质可以换取更好的生存利润，我们能妥协的底线是什么？

（7）我们是按约定规则办事的人，还是过于强调讲人情的人？

（8）如果遇到家庭方面的阻力，你准备怎样克服？

（9）如果你想退出，咱们怎样约定退出规则？

作为合伙人，如果我们的经营理念不同，就会影响公司发展。

衡量价值观最简单的方法是一起去做有挑战的事情，特别是考验人性的事情，否则很难说了解一个人的价值观。如果企业对此没有把握，可以引入咨询公司，对价值观进行测评。可以进行驱动力、职业性格、领导风格等的测评，从中发现合伙人的价值观与企业总体的价值观，特别是实控人的个人价值观是否存在巨大差异。

4.7　合伙人选拔形式

组织一般按照合伙人级别进行选拔，选拔形式见表4-5。

表4-5　选拔权限划分

级别	选拔形式
永久/创始合伙人	自然当选
A级合伙人	选举或由上一级合伙人任命
B级合伙人	选举或由上一级合伙人提名并投票
C级合伙人	由上一级合伙人提名并投票

选拔合伙人一般由上一级合伙人提名、大会任命或者通过选举产生。例如某企业让全体员工投票选出15个合伙人，得票率超过80％当选；每两年公司公布一次合伙人的贡献，通过无记名投票方式淘汰5％的合伙人，补充新的合伙人。这种投票当选合伙人的形

式是动态的，因此史玉柱说，合伙人制度本质上是一场民主试验。

由于内部合伙人数量众多，不少企业采用竞聘的方法进行选拔，特别是业务层面的合伙人。竞聘方式有较多的好处：一是增强候选人本人的承诺度，他好不容易通过竞聘得到机会，会格外珍惜；二是有利于全面了解候选人，竞聘中除了演讲，还有测评、谈话等环节，评委能够从多个方面综合评价候选人；三是有利于营造公开公平的用人氛围，让大家都有机会竞聘，让大家看到竞聘过程，对用人制度产生信任。

4.8　合伙人入伙

合伙人选拔出来以后，有的企业会比较正式地和合伙人签署入伙协议，也有企业不签协议，但会举办一个比较正式的合伙仪式，让合伙人感觉正式加入了组织，从而增强心理认同。笔者咨询的HB 集团就举办了入伙仪式，所有的合伙人一起站在台前宣誓。C总给每个人发了一个纪念牌，上面刻有每个合伙人的编号。推行合伙人机制，仪式感很重要，举办这样隆重的仪式有助于增强心理认同和奉献承诺。

也有企业要求合伙人入伙时出资，并签署入伙协议，这更接近合伙企业的做法。合伙投资协议的模板如下。

合伙投资协议

合伙投资人：_____

姓名_____，身份证号_____，住址_____。

双方本着互利互惠、共同发展的原则，经充分协商，一致决定联合出资共同经营_____公司，特订立本协议。

第一条 合伙投资宗旨

_____

第二条 合伙投资经营项目和范围

_____

第三条 合伙投资期限

合伙投资期限为 _____ 年，自 _____ 年 _____ 月 _____ 日起，至 _____ 年 _____ 月 _____ 日止。

第四条 出资额、方式

1. 合伙投资人 _____ 以 _____ 方式出资，计人民币 _____ 元。

2. 合伙投资人 _____ 以 _____ 方式出资，计人民币 _____ 元。

3. 合伙投资人 _____ 以 _____ 方式出资，计人民币 _____ 元。

4. 合伙投资人的出资，于 _____ 年 _____ 月 _____ 日以前交齐，逾期不交或未交齐的，应对应交未交金额数计付银行利息并赔偿由此造成的损失。

5. 本合伙投资出资共计人民币 _____ 元。合伙投资期间各合伙投资人的出资为共有财产，不得随意请求分割，合伙投资终止后，各合伙投资人的出资仍为个人所有，至时予以返还。

6. 资金增减由 _____ 决定，并报请 _____ 协商，根据资金增减合理调整本协议有关分配比例的规定。

7. 财产为全体成员所共有，任何一方不经全体联营成员一致通过，不得处分 _____ 的全部或任何部分财产、资产、权益和债务。

第五条　盈余分配与债务承担

1. 盈余分配，以_____为依据，按比例分配。

2. 债务承担：合伙投资债务先由合伙投资财产偿还，合伙投资财产不足清偿时，以各合伙投资人的_____为据，按比例承担。

第六条　入伙、退伙，出资的转让

1. 入伙：

①须承认本合同；

②须经全体合伙投资人同意；

③执行合同规定的权利义务。

2. 退伙：

①须有正当理由方可退伙；

②不得在合伙投资不利时退伙；

③退伙须提前_____月告知其他合伙投资人并经全体合伙投资人同意；

④退伙后以退伙时的财产状况进行结算，不论何种方式出资，均以金钱结算；

⑤未经合同人同意而自行退伙给合伙投资造成损失的，应进行赔偿。

3. 出资的转让：允许合伙投资人转让自己的出资。转让时合伙投资人有优先受让权，如转让合伙投资人以外的第三人，第三人按入伙对待，否则以退伙对待转让人。

第七条　合伙投资负责人及其他合伙投资人的权利

1. _____为合伙投资负责人。其权限是：

①对外开展业务，订立合同；

②对合伙投资事业进行日常管理；

③出售合伙投资的产品（货物），购进常用货物；

④支付合伙投资债务；

⑤_____。

2. 其他合伙投资人的权利：

①参与合伙投资事业的管理；

②听取合伙投资负责人开展业务情况的报告；

③检查合伙投资账册及经营情况；

④共同决定合伙投资重大事项。

3. 经营管理：

由出资各方派人共同经营管理。公司的经营方针及重大决策（包括生产销售计划、利润分配、提留比例、人事任免等）采取一致通过的原则。

设经营管理机构，负责公司的日常经营管理工作，经营管理机构设经理一人，由_____担任，副经理_____人，由_____担任，任期_____年。

主管会计由_____担任。财务会计账目受_____监督检查。

第八条　禁止行为及违约责任

1. 未经全体合伙投资人同意，禁止任何合伙投资人私自以合伙投资名义进行业务活动；如其业务获得利益归合伙投资，造成损失按实际损失赔偿。

2. 禁止合伙投资人经营与合伙投资竞争的业务。

3. 禁止合伙投资人再加入其他合伙投资。

4. 禁止合伙投资人与本合伙投资签订合同。

5. 如合伙投资人违反上述条款，应按合伙投资实际损失赔偿。经劝阻不听者可由全体合伙投资人决定除名。

第九条 合伙投资的终止及终止后的事项

1. 合伙投资出现以下事由之一须终止：

①合伙投资期届满；

②全体合伙投资人同意终止合伙投资关系；

③合伙投资事业完成或不能完成；

④合伙投资事业违反法律被撤销；

⑤法院根据有关当事人请求判决解散。

2. 合伙投资终止后的事项：

①即行推举清算人，并邀请_____中间人（或公证员）参与清算；

②清算后如有盈余，则按收取债权、清偿债务、返还出资、按比例分配剩余财产的顺序进行，固定资产和不可分物可作价卖给合伙投资人或第三人，其价款参与分配；

③清算后如有亏损，不论合伙投资人出资多少，先以合伙投资共同财产偿还，合伙投资财产不足清偿的部分，由合伙投资人按出资比例承担。

第十条 纠纷的解决

合伙投资人之间如发生纠纷，应共同协商，本着有利于合伙投资事业发展的原则予以解决。如协商不成，可以诉诸法院。

第十一条 本合同自订立并报经工商行政管理机关批准之日起生效。

第十二条 本合同如有未尽事宜，应由合伙投资人集体讨论补充或修改。补充和修改的内容与本合同具有同等效力。

第十三条 其他

第十四条 本合同正本一式_____份，合伙投资人各执一份，送_____各存一份。

合伙投资人：_____   合伙投资人：_____

签约时间：_____年_____月_____日

签约地点：_____

4.9 合伙人股权分配

4.9.1 合伙人持股比例

对于平台合伙人而言，持股多少没有一定之规。高的，如华为，全体合伙人除任正非外持股比例高达 98%；低的，持股比例少得可怜，甚至于不持股。

但对于业务合伙人而言，根据我们的经验数据，对于公司的成熟业务来说，合伙人团队开设分部（项目/门店/区域）的，一般公司控股 70%~90%，给予合伙人团队 10%~30%；对于发展型业务来说，一般公司控股 51%，团队不超过 49%；对于培育型业务来说，团队一般低于 20%。现在很多上市公司都存在非确定性的培育业务，这个业务代表的是未来的趋势，但当期是亏损的，公司必须投入。在这种情况下，可让合伙人占股低于 20%，约定回购的方式，在一定的条件下增资到 51%，通过股权的回购保障合伙人的利益。

4.9.2 合伙人持股形式

合伙人获得股权有实股、虚股、期权、TUP 乃至利润分享等多种形式，有公司整体股权和某一业务领域股权之分，无论是怎样的形式，都要设计一种交易结构和估值逻辑，让合伙人以恰当的形式、合适的价格使自身的人力资本价值转化为股权。

我们在前面已经提过，引入合伙人，特别是业务合伙人，应该将他的股权直接和他具体负责的业务挂钩，不要和公司总体挂钩。这样做的好处是，对合伙人的激励效应十分明显。如果和公司总体挂钩，则存在搭便车、激励效果不明显等多种弊端。

当然，有的企业的合伙人类别和数量众多，会出现总部职能体系的合伙人，他们不适合和某一个具体业务挂钩，那么在这种情况下可以和公司总体的股权挂钩，但需要明确他本人的绩效机制、股权成熟机制等。

还有一些企业有各种各样的原因，不能应用实际股权，就可采用虚拟股权的方式。一般有两种情形会用到虚拟股权。一是企业股改后、上市前，此时企业的股权结构是不能动的。二是上市公司的传统业务要成立合资公司，为避免利益输送上的问题，采用虚拟股权的方式。

当然，相对于合资公司的实际股权，虚拟股权存在以下几个弊端：

①需要一定的人性依赖；

②管理成本较高；

③核算方式相对复杂。

4.9.3 合伙人出资

我们认为员工只有出资才有资格成为合伙人，因为不出资就没有责任感，也就不会去珍惜。这就和男孩子追女孩子是一样的道理，历尽艰辛才会珍爱。高盛规定，要成为其合伙人，除了要缴纳高昂的入伙费之外，还必须将合伙收益的绝大部分存于公司作为股本金。

因此，合伙人出资从管理心理学的角度来看既是押金，也是投名状。

合伙人的出资主要有四类，即现金、实物、无形资产和换股。其中前三类出资比较常见，换股出资多出现在企业的收购兼并中，这类出资需要一定的技术，应引起大家的重视。这几类出资在实际应用时，可能需要聘请外部的资产评估机构、投行等进行专业操作。

4.9.4　合伙人股权交易结构

对业务合伙人来说，以何种估值入股、将来如何变现是一个关键问题，需要制定估值逻辑和交易结构。

举例来说，合伙人负责的业务，其估值随着利润的上升而上调。利润 1 000 万元，估值是 8 倍；利润 2 000 万元，估值是 10 倍；利润达到 5 000 万元，估值是 12 倍。合伙人自己可以算他的身价会到多少。1 000 万元利润，公司估值是 8 000 万元，8 000 万元乘以他的股权比例 30%，他就有 2 400 万元的身价。账算得清楚，人自然会为之努力奋斗。

那么他的身价如何变现呢？可以和公司对价，将来转换为公司总体股权。第一，公司回购，即上市公司回购合伙人所在业务的全部股权。第二，股权置换，即置换到公司总体这个平台上来。回购和置换有特别多的变种，这里不细讲。但要特别强调一下，有些公司适合用利润进行估值，有些公司则适合。有些公司是用储备项目数进行估值的，因为从短期看重视的是规模扩张而非利润。有些公司重视的是客户数，有些公司重视的是流量，有些公司重视的是里程碑节点。

还可以采取对赌的形式进行变现，比如产品研发，双方约定对赌条款，要求三年开发出三种产品，若开发出一种产品，公司估值500万元；开发出两种产品，公司估值1 500万元；开发出三种产品，公司估值5 000万元。这看似简单，其实越简单的方式往往越有效。员工算得明白，激励效应最大。

不少房地产公司采取项目跟投形式进行变现，以单个项目或一定范围的项目为标的，将员工改造为合伙人。

跟投机制并不复杂，企业的实际操作大同小异，基本上以万科或碧桂园为蓝本，结合本公司特点适当改造。跟投设计要素主要有以下六个。

（1）项目选择。理想情况是将所有项目纳入，最大限度发挥跟投激励效果，也防止挑肥拣瘦的现象，但现实中有些项目不适合跟投，比如开发周期较长或拿地后突遇限购政策。一般销售性物业为主的二级开发项目适合跟投操作，在这个基础上部分企业的惯例是成立跟投委员会进行灵活决策，优选两类项目进行跟投：一是主要产出项目，保障目标实现；二是有潜力但付出较大的项目，通过跟投提高项目盈利水平。

（2）参投范围及出资额度。项目运作强关联人员一般要纳入强制跟投范围，比如总部负责投资、运营、营销的人员，项目管理团队和参与重要决策的人员，其他人员可自愿跟投。

在出资额度上要考虑收入水平，具有较强的激励作用，但不会造成过大负担和风险。不建议超过年度总薪酬，但要设置一定投资下限，比如项目总投资不少于50万元，如跟投额度较高，公司可配合操作一定杠杆，协助员工解决资金问题。

（3）跟投总额比例。分为以项目资金峰值、股东投入资金峰值、项目注册资金本（项目股权）、土地价款作为总标的等形式，以此确定跟投人员所占股权。不同的参照标准可以达成不同的引导目标，比如挂钩资金峰值可以促使操作团队降低资金峰值，而挂钩股东投资资金峰值有利于拓宽融资渠道，因此应根据企业特点进行设计。

（4）交易结构。交易结构明确了公司治理架构，直接投资项目的投资平台一般为有限合伙企业，公司和员工分别担任普通合伙人和有限合伙人，也有企业要求核心管理层担任普通合伙人，以最大限度地捆绑权责，但普通跟投员工一定是有限合伙人，这就形成风险阻断机制，减少员工承担的风险。

除此以外，一般每个项目对应一个有限合伙企业，但也有例外，比如碧桂园在某区域内共用一个投资平台，无差别地对所有项目进行跟投，员工没有选择权，这种方式适用于所有项目强制跟投且区域内项目较多的企业。

（5）本金返还及分红条件。在通过财务指标预测项目达到盈利目标的条件下，应尽可能提前返还本金及分红，这是员工最在意的，会极大地影响员工跟投的信心和积极性，甚至影响项目跟投是否成功。

大多数公司在达到资金峰值或现金流持续为正，不影响未来经营的情况下返还本金。

分红在去化率达到80％以上时进行。项目接近销售完毕，可以视为项目已成功操盘，但此时并不是100％分红，为了防范风险，剩余部分在交付、结算等节点分批次进行分红。

（6）退出规定。员工离职时股权有退出或不退出两种方式，退出会支付一定资金使用利息，也有不允许退出的。员工身故、退休、转岗的一般保留股权，并享受应得的收益。

这一设计体现了企业在员工保留及利润分享上的不同态度，如万科员工离职不允许退出，不享受杠杆部分资金收益；碧桂园跟投收益率可能比较高，员工离职要强制退出。

第 5 章

合伙人管理机制

5.1 合伙人任用

对合伙人的任用要分类别和级别来看。

对于内部合伙人来说，其任用基本属于干部管理的范畴，干部管理的一般原则在这里也适用，特别是对基层的内部合伙人而言。但内部合伙人任用和一般干部任用还是有一些不同。

（1）合伙人任用管理的层面更高。有关合伙人聘任、调整、晋升等各方面的事务都需要企业最高层介入，这是一把手工程，而一般干部任用可能由总干部部/组织部就可以完成。

（2）合伙人任用管理空间更小。一般合伙人自加入后，岗位相对固定，不需要动态调整；干部则存在岗位调整的可能，晋升/降职/轮岗是比较常见的。

（3）合伙人任用更具有协商性。一般干部任用，上级意志的成分多一些，而合伙人任用基本上是双向选择的结果。准合伙人对某岗位有意向，公司/合伙人进行考察，合伙人上岗之后还需要承担出资、投入资源等责任，没有双方的深思熟虑是不可能实现的。

（4）合伙人任用更加重结果、轻过程。合伙人一般都是自激励、自驱动的，对他们的管理更加强调结果，特别是业务成果。对他们不必像对一般干部那样注重过程管理，他们有能力解决过程中的各种问题，不喜欢上头有人紧盯着。

任用外部合伙人，管理空间更小。他们的岗位基本没有调整空间，除非退出。

5.1.1 合伙人聘任管理

合伙人这个称谓更像一个身份，需要通过具体的职务来发挥个人的价值。例如阿里巴巴各个合伙人在集团中都有职务。

初创期的合伙人任职，一般要遵循"先有人，再有战略"（people before strategy）的原则，例如雷军是先找到合伙人，再开始决定怎么做小米。人才到位了，制定战略的任务交给他，这个顺序不要搞错了。初创期的合伙人的职务也是预先规划好的，至少在职责范围上大致明确，有可能还存在不少模糊、空白或者交叉的地带。不过初创期需要这种混沌状态，合伙人之间甚至还需要相互补位，头衔和职责没有必要分得那么清楚。

进入正轨期，合伙人的任职一般会逐渐规范，主要表现在：

一是职责职级进一步明确。企业一般会建立相对正式的组织架构，建立多层级的职级，梳理明确职务的职责，明确汇报关系和权限。

二是任职程序进一步规范。早期任职一般只发一个简单的通知，正轨期一般会有任用决策、发文、待遇调整等相关程序，甚至有考察程序，更加完善和系统。特别是针对新加入的合伙人，其任职管理会更加规范。

三是任职管理空间加大。早期是一个萝卜一个坑，不好管理，完全靠合伙人的自觉；正轨期之后人员规模扩大，人才选择余地增加，热门岗位甚至会竞聘，企业对合伙人的任用管理力度也会加大。

这里特别说一下新合伙人的聘用问题。有两点需要特别关注：一是先定好人才标准再按图索骥；二是采取"先试马再用马"的方法任用人才。

1. 先定好人才标准

框架如表5-1所示。

表5-1　人才标准示例

核心能力	评估指标
价值观	对工作回报的期望的合理性及职业行为倾向
	服从、理解和信任组织的程度
	对工作的情感、时间和精力投入程度
岗位胜任能力	从事当前（目标）岗位工作的意愿、特质和相关经验/资质
	针对当前（目标）岗位工作的思路、目标和计划的有效性
	预见和解决现阶段岗位工作中经常性问题的能力
适应变化的能力	意识到组织对自己的工作要求将发生什么变化
	针对即将发生的变化，意识到自己应提升哪些能力
	针对即将发生的变化，有怎样的学习意愿与行为表现

一般而言，企业在选聘高级人才时会从价值观、岗位胜任能力和适应变化的能力这三个维度来考察候选者是否符合条件。但是在

实际操作中，由于缺少相对具体和有效的标准，企业对人才的判断并不可靠。因此首先需要明确标准，有了标准之后，再选择行为面试、测评等评价方法，对人才进行准确评价。

2. 采取"先试马再用马"的方法任用人才

人才入职之后，还不能立即委以重任。因为对于特别重要的领导岗位，稍有差池，不仅会在经济上造成重大的直接和间接损失，还可能给组织的发展带来长期的负面影响。为慎重起见，可"先试马再用马"。

（1）先拿思路再上岗。在招聘通过以后，不要让其立即到目标岗位就任；或者在其到岗之后，不要让其立即行使调整组织架构、做出新的人事安排和否定现有的工作模式的权力。而是让他花足够的时间做调研，提出详细的书面工作思路和计划（工作思路和计划应基于现实，包括目标、实现目标的行动计划、执行计划所需要的各种资源，以及可能出现的问题与对策）。然后，让企业内部的管理者甚至外部的专家来审议他的方案，提出疑问，让他作答。如果他的计划真正有效，他胸有成竹、对答如流，说明他是真人才，反之就是伪人才，要想办法让其赶紧离开，最大限度避免因为不胜任而给企业造成重大损失。

（2）先到低层级岗位再到高层级岗位。可以先让他在一个较低层级的岗位上工作一段时间，或者在目标岗位上履行有限的职责（以此观察他的实际能力）。经过 3～6 个月（试用期以内）的考察，如果证明其确有良好的价值观、岗位胜任能力和适应变化的能力，再让其正式进入高层级岗位，全面履行职责。

（3）先做顾问后做高管。让其先做特定工作领域的顾问/专家，参与工作指导，以考察他的实际能力。经过 3～6 个月（试用期以内）的考察，如果证明其确能胜任，再全面履行职责。

如果不愿意接受企业上述三种形式的考察，这个人才很可能是伪人才，至少是价值观有问题。真正有梦想的人，为了自己的事业目标，对这种合理的"委屈"应该是受得了的。最重要的是，这样做对他自身有利而无害。工资可以照拿；责任可以最小；如果就业失败，也有台阶下。看不到这三点，至少不会是大才。

如果企业对人才判断不准，经常看走眼，那么除了提高各级管理者的识人能力外，还可以采用竞聘的方式来选拔人才。如果员工都参与项目跟投，他们可以像股东一样来选择跟投项目的操盘手。候选人像投标一样，竞相展示自己的优势，来说服投资人选择自己。笔者在 HB 集团就操作过类似案例。一个项目出现了旗鼓相当的两个竞争者，C 总比较为难，于是采取竞聘方式。从参与跟投的总部、项目人员中选出 5 名作为评委，两位竞聘者分别从操盘思路、团队、资源等方面展示自己，力图说服评委。评委比较尖锐地提问，比如"你愿意跟投多少？""能否签保底协议？"等，最后通过投票选出合适的操盘手。

5.1.2　合伙人职务异动管理

合伙人的职务会出现一定的变化，这个变化不出现则已，一出现就是很大的变化，要慎重对待。例如小米合伙人的职务调整每一次都伴随着组织的重大变革。合伙人职务的调整需要企业最高层亲自处理。

合伙人的职务异动一般有以下几种原因。

（1）组织架构调整导致岗位增设、撤销和职责范围变化等。比如小米成立以来经历了多次组织架构的调整，合伙人的任职也发生了多次变化。

（2）人岗匹配发生了重大变化。例如员工明显过于胜任/不胜任情况出现。

（3）员工发展需要。很多公司出于培养复合型人才、避免本位主义等考虑会安排轮岗。

（4）企业风控需要。例如有些公司规定，在某一岗位上工作不能超过 3 年，夫妻不能同在一家公司就职等。

合伙人职务异动的类型包括：

（1）向上：比如晋升。合伙人也会出现升级，比如从初级合伙人升到高级合伙人。

（2）平移：比如轮岗/职责扩大等。很多企业特别强调轮岗，例如华为的之字形发展。一个干部不是在自己的领域里一直往上走，而是在周边领域发展，比如说研发的干部去做市场，负责供应链，乃至采购。经过多个业务领域的历练，综合的管理素质会有所提高，对业务以及端到端流程的理解会很深刻。

（3）向下：比如降职/退出等。合伙人做得不好，也存在降职/退出等情形。发生这种情况，一般都会是比较重大的变动。

管理好异动的关键是建立好规则并做好梯队建设，以免被动。

5.1.3　合伙人班子搭配

合伙人的任职一定要确保人岗匹配。比如各区域存在差异、发展阶段不同，对区域合伙人的要求就会不同。例如笔者服务的一家企业根据竞争态势将全国划分为五大类：垄断区、领先区、相持区、落后区、新进区。善守者不擅长攻，善攻者不擅长守，企业根据每个区的特点选择合适的人员任职，以充分发挥人才的优点，扬长避短，确保人岗匹配（见表 5 - 2）。

表 5 - 2　区域与合伙人匹配

区域类型	业务与组织特点	人才能力匹配
垄断区	· 业务发展成熟，不存在对手的威胁 · 精耕细作，高举高打 · 进一步扩大品牌影响	· 构筑堡垒 · 精细化管理能力
领先区	· 业务发展良好，对手构成威胁 · 稳扎稳打，深耕市场	· 精细化管理能力
相持区	· 业务处于拉锯战，市场结构还不稳定 · 积极开拓市场	· 创新，打破常规 · 开拓能力
落后区	· 业务上落后，经营方式存在一定问题 · 另辟蹊径，善于借助外力	· 抗压能力 · 思维活跃
新进区	· 业务未渗透，经营模式未定 · 深挖市场环境，迅速抢占市场制高点	· 搭建领导班子 · 打赢漂亮的第一仗

关于合伙人班子，我国人岗匹配专业机构倍智认为，不仅要考察班子成员对于拟任岗位的人岗适配度，还要考察他与班子其他成员和组织的匹配程度（见图 5 - 1）。

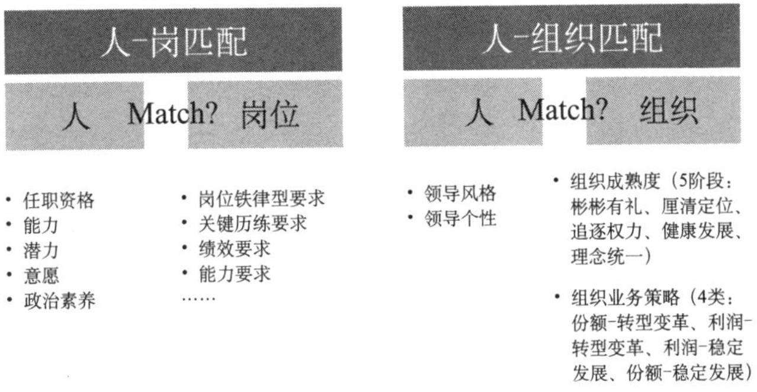

图 5 - 1　人岗匹配示意图

很多企业陷入一个误区，只关注合伙人本人，而忽略了合伙人带领的团队。"一个好汉三个帮",合伙人要通过团队发挥作用,没有完美的个人,只有完美的团队。因此,对合伙人团队的建设必须重视。

采用合伙人制的组织中,人应该是自由组合的,应该充分尊重合伙人自己选人用人的权利。他们会根据业务和客户特征来搭配人员。在团队搭配过程中,会剩下一些人,要么是各个团队都觉得不需要他,要么就是他自己不想进团队,总之出于各种原因没有谈妥。对于这些人,公司可以设置一定的空窗期,如果空窗期后还找不到落脚点,就有可能被辞退。

合伙人制下,不是公司的老大最懂自己的员工,而是员工相互之间最了解,合伙人在挑人的时候看得准。这样一来,合伙人制度有助于选到合适的人,淘汰冗员。

5.2 合伙人的动态考核

很多企业对合伙人实施动态考核,以保持组织的活力和防范用人风险。

对合伙人考核,一般包括以下几方面。

(1)能力考核。能力是合伙人的立身之本,是企业找合伙人的直接原因。能力包括专业能力与管理能力,属于冰山上的显性技能。不同合伙人考核的侧重点不一样,大部分合伙人侧重专业能力,核心合伙人侧重管理能力。

(2)绩效与潜力考核。绩效考核对所有合伙人一视同仁,潜力考核则侧重于中基层合伙人,重点评价他们进一步发展的可能性。

(3)价值观考核。价值观考核一般面向所有人,这一做法在当下很流行,毕竟共识是合伙的前提,对价值观不认同,合伙不可能长久。

5.2.1　能力考核

　　对能力进行考核，首先需要建立能力标准。能力标准和所从事的具体工作有关，不同公司的能力标准不同。例如腾讯对各级干部建立了胜任力标准，其中专业能力通过任职资格和 360 度调查进行评价（见表 5-3）。

表 5-3　腾讯干部胜任力要求

管理层级	管理职级		胜任力		
			企业文化认同度	绩效与潜力	专业能力
高层管理人员	L6	高级执行副总裁（SEVP）	领导力 360 度评估中的价值观相关项和公司倡导的企业文化项平均分高于 4.8，单项高于 4.5（中高层管理干部领导力素质模型文化项：正直诚信、激情、全局观、前瞻变革）	由人力资源管理委员会根据相关标准酌情判断	
	L5	高级副总裁（SVP）			
	L4	公司副总裁（CVP）			
中层管理人员	L3-3	总经理（GM）		依据人才盘点，绩效与潜力俱佳者（参见中高层管理干部领导力素质模型详细要求）	根据领导力 360 度评估中"专业决策"得分及在专业通道中的贡献进行评估
	L3-2	副总经理（VGM）			专业 3 级普通等及以上精通相关领域的前沿专业知识，能够解决较复杂的问题或领导中型项目/领域
	L3-1	助理总经理（AGM）			

　　华为对员工的专业能力和管理能力采取任职资格方式进行年度评价，从 1996 年起推行任职资格体系。任职资格强调的是"能干什

么"，而不是"知道什么"。其目标是推动各级干部不断提高自己在岗位上的实际工作能力，以适应管理工作和公司发展的需要。

在华为的任职资格中，包含以下关键要素和环节。

1. 划分任职资格等级体系

华为任职资格管理体系包括技术任职资格、营销任职资格、专业任职资格和管理任职资格。共分为六级，每级又分为四等，即职业等、普通等、基础等、预备等，形成了详细的任职资格标准体系。

2. 构建职业发展通道

任职资格与职位相结合，为员工提供了职业发展通道。通过任职资格管理的牵引，形成管理和专业技术两条职业发展通道（见图5-2）。

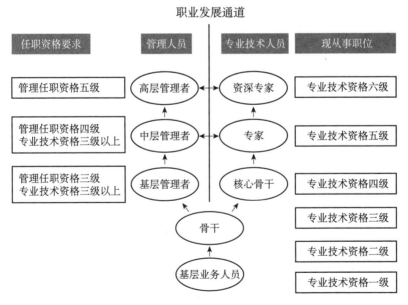

图5-2　职业发展通道

3. 建立任职资格标准

华为任职资格标准由基本条件、核心标准、参考项组成（见图 5-3）。

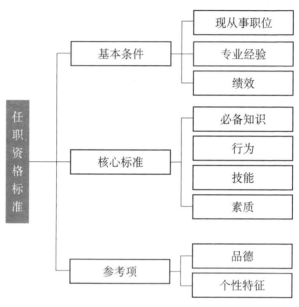

图 5-3 任职资格标准

任职资格的核心标准包括必备知识、行为等，其中，知识又分为专业知识、相关知识和公司知识，行为则包含"做什么"和"做到什么程度"。

例如，管理任职资格四级的核心标准共有 5 个单元，涉及 12 个方面。第一单元是目标的制定与监控，包括制定合理的目标与计划、有效实施计划、监控及评估工作活动；第二单元是组织气氛建设，包括内部工作关系、外部工作关系；第三单元是工作资源管理，包括现有资源的管理，资源的获取、分配和控制；第四单元是影响与促进决策，包括进行决策、参与同级决策、促进上级决策；第五单元是绩效的改进，包括本人及员工的绩效改进、流程优化。

4. 任职资格认证

任职资格认证是指为证明申请人是否具有相应任职资格标准而进行的鉴定活动，程序如图5-4所示。

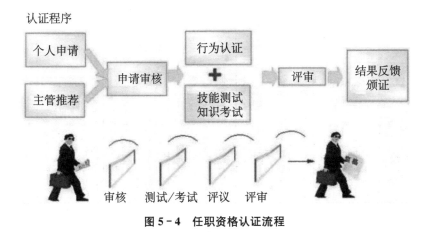

图5-4　任职资格认证流程

最终的认证结果体现为获得"××通道××级××等"的任职资格。

一般企业无法像华为、腾讯那样建立起完整的任职资格/领导力标准，可以按照"业务决定能力"的逻辑，分析岗位职责及面临的挑战，建立能力标准，对合伙人进行简单对比评价，得出大致的结果（例如完全胜任、基本胜任、欠胜任）。

某HR副总裁的胜任力设计如图5-5所示，在评价时，按照图5-6的标准采用360度的方式进行评价，最终的结果如图5-7所示。

能力项	级别	能力标准（根据通用能力级别深化）
集团战略与HR规划	高	1. 能够参与集团战略制定，主导某一领域的战略分析，提出战略洞见。 2. 能够组织进行集团战略分解和落实到各部门，各阶段，制定可操作性的行动计划并监控，定期组织战略回顾并及时调整。 3. 能够根据集团战略制定HR规划，明确HR的方向，关键行动计划，资源需求并推动实施。
集团目标计划管理	高	1. 能够推动高层团队制定集团年度经营目标和计划，并组织分解，形成各部门的KPI和经营计划。 2. 能够组织对经营情况的跟踪，回顾，定期召开分析会，有问题及时调整。 3. 能够组织制定本中心的目标和计划，思路清晰，安排合理，并带领团队积极推进，有效克服过程中的问题，保证最终成效。
集团组织HR体系建设	高	1. 能够对集团组织体系进行分析评估，向高层决策者提供组织优化建议。 2. 能够制定组织优化方案，并推动实施，提升组织效能。 3. 能够有计划地推进HR流程制度，运作模式等的建立和完善，并不断推动HR体系的升级。
人才管理	高	1. 人才配置：能够系统建立人才招募渠道，人才评价，人才盘点工作。 2. 人才发展：能够建立人才培养的有效的培养（工具，资源，运行管理），对各级人才设计和培养计划并进行有效的培养，建立集团人才梯队。 3. 人才激励：能够组织设计绩效，薪酬，长效激励机制，激发组织活力。
变革管理	高	1. 能够识别潜在问题或预测未来需要面对的问题，能够对各类问题进行综合分析判断，提出组织管理或重大变革方案并实施。 2. 在变革推进中有策略，有技巧，能够争取最广泛的支持，达成变革共识，克服变革阻力，能够步步为营，有步骤地按阶段推进。

	岗位职责
1	战略与变革
2	目标与规划
3	组织管理
4	人力资源规划
5	人力资源体系
6	行政统筹管理
7	企业文化管理
8	IT管理
9	团队建设

图5-5 胜任力设计示例

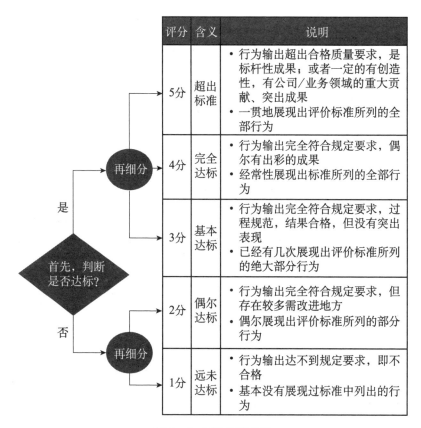

图 5-6　评价标准示例

5.2.2　绩效与潜力考核

不少企业会对全体干部实施"绩效＋潜力"的年度盘点。绩效考核对全体人员一视同仁，必须"人人头上有指标"，年初确定绩效目标，年底进行考核。绩效考核以往一般采取的是 KPI（关键绩效指标），近年来比较风行的是 OKR（目标与关键成果法）。潜力考核（也有企业称为素质考核）考察一个人未来的成长状况，涉及支

原始数据

能力项	上级（权重50%）		同级（权重30%）		下级（权重20%）		加权得分
	董事长	CEO	运营VP	拓展VP	人力副总	绩效经理	
能力1	3	3	3.5	3	3	3.5	3.1
能力2	3	3	3.5	3	3	3.5	3.1
⋮							
能力N							

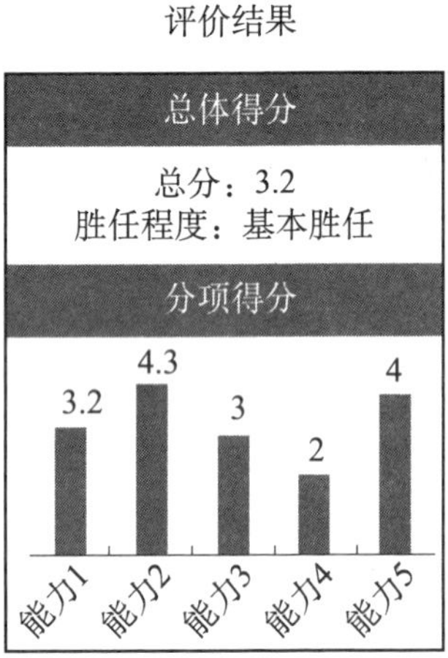

图 5-7　评价结果示例

撑一个人发展的底层素质因素。二者结合，形成人才九宫格。

➡ **案例**

腾讯应用“绩效+潜力”进行人才盘点

1. 腾讯人才盘点使用的工具

（1）360 度考评：根据腾讯“帝企鹅”领导力模型，从正直、激情、好学、开放、人才、产品六个维度进行 360 度评估，或者根据腾讯的文化价值观，从正直、合作、创新、激情四个维度进行行为评估，作为人才评估的一个基本输入。

（2）绩效考评：从业务绩效和管理能力两个维度进行自评、上级评估，参照平级评估来确定绩效的五个等级。

（3）九宫格：能力的高中低可以根据过去两年的评估结果赋分计算出来，再由管理团队一起校正（见图 5-8）。

（4）TT（top talent）盘点：最后根据绩效、潜力对所有的人

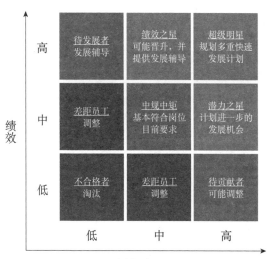

图 5-8 九宫格示意图

才进行梯队盘点，将人才分为 TT（顶尖人才）、第一梯队和第二梯队。

潜力的评估借鉴咨询公司光辉国际的学习能力判断工具（见图 5-9）。

2. 盘点程序

（1）事业部（business group，BG）先盘：BG 的人才和盘点由 BG 组织发展团队牵头，由 BG 人力资源业务合作伙伴和 BG 负责人一起先盘点，将人才和基层干部放到九宫格中，然后由企业副总裁盘点，最后由 BG 人力资源总监和 BG 执行副总裁一起盘点 BG 的人才。

（2）集团终盘：集团负责整体安排和推动全集团的人才和干部盘点，中层干部以上的盘点由集团相关部门和 BG 执行副总裁向集团人委会汇报，一起确认盘点结果。

学习能力判断工具
学习敏锐度模型

心智敏锐度（mental agility）**1**	**2** 人际敏锐度（people agility）
· 从容面对复杂和不确定的局面 · 深入探究问题根源，并建立相关事物之间的联系 · 善于借鉴他山之石 · 敢于否定之前的成功经验	· 良好的自我认知 · 建设性地对待他人 · 善于向他人表达，即使是负面的反馈 · 能与不同的人交往并解决棘手问题
变革敏锐度（change agility）**3**	**4** 结果敏锐度（result agility）
· 保持好奇心，对新鲜的想法富有激情 · 前瞻性和创新性 · 能够采取创新的想法，推动实践	· 较高的自我标准 · 在困境下也有卓越的表现，带出高绩效团队，值得信赖 · 团队影响力和团队氛围

（中心图形：学习敏锐度）

> 学习能力评价要点：
> · 具有业务前瞻性和创新性
> · 对不熟悉领域的课题或任务不畏惧，能快速判断分析、制定可行方案，并推动实践
> · 通过他人反馈、自我反思和经验学习，采取更有效的工作方式或沟通风格

图 5-9　光辉国际的学习能力判断工具

3. 怎么盘点

（1）HR 准备材料：包括人员的基本信息、考核结果、360 度评估结果等。

（2）盘点内容：分为组织盘点和人才盘点。BG 部门及以下组织盘点输出组织架构；人才盘点输出基层干部九宫图和核心人才梯队。BG 级盘点最终输出 BG 组织架构和 BG 中层干部九宫图，以及后备人才计划。

（3）盘点的输出：组织优化策略和人才 5B 策略。人才 5B 策略是指人才的招聘（buy）、培养（build）、激励（bind）、外借（borrow)、淘汰（bounce）。腾讯还会通过立项来应用盘点结果，如活水项目、加油站项目、人才能下项目和飞龙项目等。

上述做法比较规范，一般企业可能很难做到，可以考虑采取相对简便的做法。在绩效维度，将绩效排序，划分出"高、中、低"三个等级；在潜力维度，根据个人发展前景划分"大、中、小"三个等级，由此形成九宫格。这个盘点可以逐级逐部门进行，首先要求各个高级合伙人对本部门的初级合伙人进行盘点，HR提供必要的工具方法论支持或者聘请外部顾问，然后在一把手层面组织对各个高级合伙人的盘点。尽管方法比较简单，但是每年进行这样一个过程是非常必要的，一是从人才角度看人才本身是否增值，二是从组织角度看人才激活组织发展的情况如何。

5.2.3 价值观考核

价值观契合是合伙的前提，价值观不认同，企业终将散伙。因此，必须对价值观进行定期考核。在这方面，阿里巴巴做得很成功，它将价值观这种看似较虚的事情做成了较实的刚性约束。

阿里巴巴首先明确了价值观体系（见表5-4）。

表5-4 新老"六脉神剑"对比

新六脉神剑	老六脉神剑
客户第一，员工第二，股东第三	客户第一：客户是衣食父母
因为信任，所以简单	团队合作：共享共担，平凡人做平凡事
唯一不变的是变化	拥抱变化：迎接变化，勇于创新
今天最好的表现是明天最低的要求	诚信：诚实正直，言行坦荡
此时此刻，非我莫属	激情：乐观向上，永不放弃
认真生活，快乐工作	敬业：专业执着，精益求精

从过去的"独孤九剑""六脉神剑"到如今的"新六脉神剑"，阿里巴巴一直在寻找所见略同、有着一样信条的同路人。

那么这套新的价值观该怎么考核呢？

我们先来看老的六脉神剑的考核方式，以客户第一和拥抱变化两个维度为例（见表5-5和表5-6）。

表5-5　客户第一维度评价标准

考核项目	评价标准				
客户第一	尊重他人，随时随地维护阿里巴巴形象	微笑面对投诉和受到的委屈，积极主动地在工作中为客户解决问题	与客户交流过程中，即使不是自己的责任，也不推诿	站在客户立场思考问题，在坚持原则的基础上最终达到客户和公司都满意	具有超前服务意识，防患于未然
分值5	1	2	3	4	5

表5-6　拥抱变化维度评价标准

考核项目	评价标准				
拥抱变化	适应公司的日常变化，不抱怨	面对变化，理性对待，充分沟通，诚意配合	对变化产生的困难和挫折，能自我调整，并正面影响和带动同事	在工作中有前瞻意识，建立新方法、新思路	创造变化，并带来绩效突破性提高
分值5	1	2	3	4	5

每个季度的5分制KPI考评中，对员工表现进行1～5分的评分，在考核价值观时，主要的标准是与公司价值观的契合、对自己

所在团队的正向影响，以及与其他团队的合作度。

新的考核方式改变为：

（1）对每项价值观的行为描述进行对比。

（2）符合给1分，不符合给0分，没有则给0.5分。

（3）倡导"认真生活，快乐工作"，不考核。

（4）5条核心价值观，每条4个行为描述，合计为20个行为考核总分。

升级后的阿里巴巴价值观，每一条的行为描述详细清晰，供自评和他评时对照打分，如表5-7和表5-8所示。

表5-7 行为描述之一

	客户第一 员工第二 股东第三	因为信任 所以简单	唯一不变的是变化
诠释	·这就是我们的选择，是我们的优先级。 ·只有持续为客户创造价值，员工才能成长，股东才能获得长远利益。	·世界上最宝贵的是信任，最脆弱的也是信任。 ·阿里巴巴成长的历史是建立信任、珍惜信任的历史。 ·你复杂，世界便复杂；你简单，世界也简单。 ·阿里人真实不装，互相信任，没那么多顾虑猜忌，问题就简单了，做事也因此高效。	·无论你变不变化，世界在变，客户在变，竞争环境在变。 ·我们要心怀敬畏和谦卑，避免"看不见、看不懂、追不上"。 ·改变自己，创造变化，都是最好的变化。 ·拥抱变化是我们最独特的DNA。

续表

	客户第一 员工第二 股东第三	因为信任 所以简单	唯一不变的是变化
行为 描述	·心怀感恩，尊重客户，保持谦和。 ·面对客户，即使不是自己的责任，也不推诿。 ·把客户价值当成我们最重要的KPI。 ·洞察客户需求，探索创新机会。	·诚实正直，言行一致，真实不装。 ·不唯上欺下，不抢功甩锅，不能只报喜不报忧。 ·善于倾听，尊重不同意见，决策前充分表达，决策后坚决执行。 ·敢于把自己的后背交给伙伴，也能赢得伙伴的信任。	·面对变化不抱怨，充分沟通，全力配合。 ·对变化产生的困难和挫折，能自我调整，并正面影响和带动同事。 ·在工作中有前瞻意识，建立新方法，新思路。 ·创造变化，带来突破性的结果。

表5-8　行为描述之二

	今天最好的表现 是明天最低的要求	此时此刻 非我莫属	认真生活 快乐工作
诠释	·在阿里最困难的时候，正是这样的精神，帮助我们渡过难关，活了下来。逆境时，我们懂得自我激励；顺境时，我们敢于设定梦想目标。面向未来，不进则退，我们仍要敢想敢拼，自我挑战，自我超越。	·这是阿里第一个招聘广告，也是阿里第一句土话，是阿里人对使命的相信和"舍我其谁"的担当。	—
行为 描述	·认真踏实，完成本职工作。 ·保持好奇，持续学习，学以致用。 ·不为失败找借口，只为成功找方法，全力以赴拿结果。 ·不满足现状，不自我设限，打破"不可能"的边界。	·独立思考，独立判断，不随波逐流。 ·工作中敢于做取舍，敢于担责任。 ·打破边界，主动补位，坚持做正确的事。 ·在需要的时候，不计较个人得失，挺身而出，勇于担当。	—

马云曾对 HR 部门提出要求：要严把招聘关，招聘优秀的人才，要吸引那些"和阿里的味道一样的人"。所谓"和阿里的味道一样的人"即认同阿里价值观的人。

以前有一个销售人员，一年可以为公司创造 2 000 多万元的业绩，但是在走访客户记录上做假，违背了诚信。虽然客户特意坐飞机过来为他解释和求情，这个人还是被开除了。

价值观告诉员工公司的底线是什么，做事的规则是什么。它确保你不偏离正确方向，但是给你一定的弹性，这是阿里巴巴绩效考核工作最大的特点。

价值观定了得有共识，有了共识就得遵守，想要遵守就要有约束，这就是阿里巴巴的整体考核导向。

在阿里巴巴，价值观的考核方式有自评和他评。他评由被考核人的直接上级、间接上级和一位人力资源负责人一同对员工的价值观进行考核，并由人力资源负责人对考核结果进行审核。考核采用三档标准。

（1）A 档：超越自我，对团队有影响，和组织融为一体，受到广泛好评。属于标杆。

（2）B 档：言行表现符合阿里巴巴价值观要求，总体上是一位合格的阿里人。

（3）C 档：缺乏基本的素质和要求，突破价值底线，根据不同程度选择改进或离开。

连续两个考核周期都是 C 档，铁定被淘汰。

各个部门在做价值观评价的时候也会特别注意：关注平时工作的细节，所有考核评价的依据一定要有时间、有地点、有事件、有评论，而不是拍脑袋决定此人价值观是否合格。

　　还没有建立比较明确的价值观标准的企业，可以效仿做得好的企业，形成自己的价值观及评价方法，并对全体合伙人定期评价。对于中基层员工及初级合伙人，可以采取严格的考核方式；对于高级合伙人，则采取高压线评价或360度评价方式，有违反高压线的行为或者360度评分偏低，则需要采取措施。

　　笔者咨询过的HB集团就建立了如图5-10所示的核心价值观。

图5-10　HB集团核心价值观

　　HB集团对每个核心价值观分三级进行详细定义和描述，并设定了评价规则（见表5-9）。

表5-9　HB集团价值观评价示意

分级（以"长远"为例）	全没做到	部分做到	全都做到
1. 能够区分短期和长期价值，愿意放弃短期和局部利益，耐心追求长期价值并坚持	≤2分	2.5分	3分
2. 有格局和高度，总是能够看准长期价值；一贯以长期价值原则行事，不为短期波动和诱惑所动	≤3分	3.5分	4分

续表

分级（以"长远"为例）	全没做到	部分做到	全都做到
3. 具有大格局和大视野，精准判断长期价值及其原则；在追求长期价值时坚守本心，短期遭受巨大波动和损失也不动摇	≤4分	4.5分	5分

说明：2 分（含）以下，或是 3.5 分（含）以上，需要书面事例证明

上述评价针对全体员工每年进行一次，不仅限于合伙人，中高层采用 360 度问卷形式，其余员工采用上级直接评价形式。

平均分数低于 2.5 分的，需要制定改进计划。连续两年低于 2.5 分的，予以辞退。

5.3　合伙人培养

5.3.1　721 法则

对合伙人的培养，要采取 721 法则（见图 5 - 11）。

70%的能力
通过工作实践形成

· 项目制工作
· 跨部门工作
· 轮岗

20%的能力
通过辅导反馈形成

· 思想导师
· 导师、教练
· 担任兼职讲师，高层干部亲自授课
· 360度反馈
· 批评与自我批评

10%的能力通过课堂培训形成

图 5 - 11　721 法则

对于合伙人，常规的课堂培训已经不太适用，行动学习、复盘、开放式研讨等方式更适合。培养合伙人的技能，则可以采取短

期的项目制。

5.3.2　行动学习

行动学习是一种让大家通过"一起解决一个问题"的方式学习的企业培训方法，最早用来培训员工的可能是通用电气公司。现在这种方法被越来越多地用来直接解决企业实际存在的问题：以解决企业实际存在的问题为目标，组成一个小组，然后有序地组织研讨和实践，提出解决问题的办法，并推动解决方案落地。

一个行动学习项目通常会持续数月，在此过程中，小组成员通过分享、讨论、实践与反思，不断完善自己的知识结构。每个人都要认领任务、作出承诺，并在实践过程中调用自己的各类资源来完成目标。"行动学习中的课题很多是跨界难题或者是业务前瞻课题，对于大部分学员来说，这是以前不曾涉及的领域。"腾讯学院负责人说。

行动学习需要专业的引导人、特定的角色设置，并设有一套体系化的会议流程。这套流程中的每一步都是为了保证项目的进展效率。

行动学习通常会围绕公司现有的待解决的一个问题或项目，深入研究和实践。待解决的问题通常较为复杂，涉及部门较多，需要各部门的协同合作。

行动学习一般包括 6 个角色：发起人、召集人、小组成员、组长、催化师、专家。

● 发起人：发起人通常是行动学习项目的发起者，很多情况下就是公司的最高领导。

● 召集人：召集人的任务是管理、监督整个学习过程。召集人需要具备调动各项资源的能力，以满足项目过程中的人力、财力、物力或者知识资源需求。

● 小组成员：小组团队是整个行动学习项目的核心执行者，全程参与行动学习项目。

● 组长：组长通常由与行动学习所需解决的业务项目问题直接相关的经理人担任。

● 催化师：催化师需要设计和引导整个行动学习的过程，是颇为重要的角色。他需要熟悉行动学习的过程及方法，同时必须是一个很好的观察者、聆听者及提问者，对项目保持中立态度，能运用各类思考工具引导团队成员各抒己见，把控讨论的秩序及流程。

● 专家：如果涉及某些领域的专业知识，企业会从内部或外部请来对某一领域具有丰富经验的专家参加会议，从专业层面给出建议。

一个行动学习项目的完整过程包括：

（1）开启动会确定选题及计划。

（2）回到工作中做调研并实施。

（3）开第二次会议，做阶段性汇报并制定下一步计划。

（4）回归调研实施。

（5）做第三次阶段性汇报并制定下一步计划。

（6）回归调研实施。

（7）成果汇报。

第（1）、（3）、（5）、（7）步均在行动学习的会议上进行；第（2）、（4）、（6）步则贯穿成员平时的工作，属于实践部分。目标问题在"讨论＋实践"的行动学习过程中一步步得以解决。整个行动学习过程的逻辑是：问题——反思——总结——计划——行动——

发现新问题——再反思。

行动学习过程中研究性学习、思维交流碰撞的特点，使其十分适用于企业中的人才培养。通用电气公司、华润等经常运用行动学习方式来解决企业中的实际问题，往往既解决了问题，又提高了人才技能，起到了一箭双雕的效果。

5.3.3　复盘

复盘是联想的法宝之一，柳传志说过，"学习能力是什么呢？不断地总结，打一次仗就复盘，把怎么打的边界条件都弄清楚，一次次总结以后，水平自然越来越高，这实际上算是智慧，已经超出了聪明的范围。"在联想早期，这种"复盘"更多地称为"总结"，2006年联想控股对企业文化进行了梳理，明确方法论是联想文化的重要部分，而复盘是联想文化中的重要方法论之一。

1. 复盘的四个步骤

（1）回顾目标：当初的目的或期望的结果是什么。

（2）评估结果：对照原来设定的目标找出这个过程中的亮点和不足。

（3）分析原因：成功的关键原因和失败的根本原因，包括主观和客观两方面。

（4）总结经验：包括体会、体验、反思、规律，还包括行动计划，需要实施哪些新举措，需要继续实施哪些措施，叫停哪些项目。

2. 复盘需要注意的几点

要有效开展复盘，需要注意以下几点：

（1）一把手以身作则。复盘中最重要的是一把手要率先对自己复盘，这是最容易忽略的。把复盘作为一种工具还只是初级阶段，最终的目的是要让复盘成为一种习惯和文化。

一把手的行为会影响整个公司的工作氛围和工作方法，领导以身作则会传导给每一个员工，复盘从一把手开始的意义在于此。

复盘不是搞批斗，有两个方面的目的：对事，在战略上及时校准方向，调适路线，在战术上攻克具体难题，及时总结方法，不断提升企业经营水平；对人，集思广益，提升组织智商，促进团队建设和文化落地。创业企业的复盘工作要从事抓起，因为事做不好，可能会影响到生存，但真要实现可持续发展，就要考虑通过复盘方法不断培养人才成长。

（2）目标明确。复盘要回到做事的最初目标上来，研究为什么当初想"栽花"最后却种出了"柳"，是当初栽花的目的错了，还是没有认真去栽，或者是这个地方的环境不适合养花。那么在下一次定目标时就会考虑这些因素。通过这样的复盘，最终实现的结果可能就是想栽花就开花，想种柳就成荫。

也就是说，复盘式的总结是从梳理最初的目标开始，一路刨根问底，探究结果与目标之间存在差异的根本原因是什么，有什么反思、经验和体会，可以说是一次目标驱动型的学习总结。柳传志常说："一件事情做完了以后，做成功了，或者没做成功，尤其是没做成功的，我们预先怎么定的、中间出了什么问题、为什么做不到，把这个过程梳理一遍之后，下次再做，这次的经验教训就吸取了。"

（3）文化配套。复盘本身就具有很强的文化属性，要想取得很好的复盘结果，需要坚持五个态度：开放心态、坦诚表达、实事求是、反思自我、集思广益，这些内容沉淀和凝结后其实就是核心价值观。

要真正做好复盘，就要把企业利益放在第一位，没有领导和下属之分，参与项目的人要敢于剖析自己，而不是盖棺论定，很快否定一个人。

（4）对事不对人。复盘是为了后续提升人和组织的能力，而不是秋后算账的手段，建立起这种安全感和信任是做好复盘的基础。有的事是人的原因没有做好，也要说出来。认识问题越深刻，对个人的成长就越好，有利于个人能力在这个过程中不断提升。

5.3.4　项目制培养

人才培养不能指望一两次培训就产生效果，而应采取项目制，持续较长时间，采取多种方式，对一个人进行相对系统的培养。例如，华为主要采取项目制人才培养方式。项目启动时为每个人制定培养计划，实施过程中应用自学、实践锻炼、集中培训等多种方式进行培养，最后还要进行答辩汇报。

华为对高管采取研讨班的形式进行培养，具体如图 5-12 所示。

5.3.5　合伙人继任计划

企业针对合伙人要制定继任者计划，为相关岗位制定人才储备计划，建立企业人才梯队资源库，具体做法如下。

1. 制定继任计划

继任人选来自内部选拔和外部招聘，继任候选人是本岗位的储备干部，并非取而代之。企业在发现并确认继任者的情况下，结合企业人才发展与培养计划，给予继任候选人更多的业务辅导、重点管理沟通和培训机会，使继任候选人得到更大的提升，从而具备担任更高职位的资质和能力。

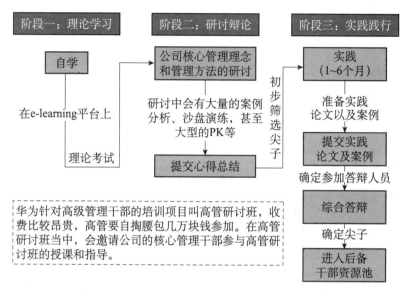

图 5 - 12 华为高管研讨班示例

企业的人才梯队体系一般可以分为三种：关键岗位人才梯队资源库、管理岗位人才梯队资源库和储备人才梯队资源库。人才梯队资源库的"容量"按照1：3的比例确定，即一个岗位的继任候选人有三位。

2. 继任者甄选

针对每个继任岗位建立选拔标准并开发评估方法。根据管理岗位的定义和内涵，评估重点一般包括成功关键特质、任职资格要求、以往工作绩效、综合素质等。

（1）成功关键特质：包括职业素养、核心能力、心理素质、知识素质等，以核心能力为重点。

（2）任职资格要求：参照岗位说明书和任职资格体系中的规定。

（3）以往工作绩效：工作业绩标准，评估继任候选人最近两年的工作业绩。

（4）综合素质：包括职业个性（气质、性格）、职业倾向（动机、兴趣、价值观）等，评估候选人的能力类型与岗位匹配度、性格与岗位匹配度、气质类型与岗位匹配度、职业动机与岗位匹配度、职业兴趣与岗位匹配度、职业价值观与岗位匹配度等。

3. 进行人才培养

根据继任者计划和人才储备计划，结合个人的职业生涯发展目标，为人才梯队资源库的人才建立培训课程体系，设计培养方法，制定培养管理制度，有针对性地培养，以达到人才梯队建设的目的。

对进入人才梯队资源库的人才经过一段时间的培养后，公司根据目标岗位/通道层级对人才的需要，在资源库中选拔继任者，选拔成功者成为继任人而"出库"，选拔失败者淘汰"出库"。一批人才"出库"了，企业根据储备人才的需要又甄选一批人才"入库"，周而复始，不断为企业培养合格的继任人才。

人才梯队资源库的人才的培养方法应该多元化，特别提倡导师制、项目制等方法，既可以充分利用培训场地，灵活安排培养时间，增强培训效果，也可以节省大量的培养经费。

4. 建立人才梯队建设管理机制

人才梯队建设是一项相当复杂的系统工程，需要制定人才梯队建设管理制度，设立专门的管理机构，明确职责分工，规范人才梯队建设过程，确定人才梯队建设的工作内容和范围，通过有效管理保证人才梯队建设工作高效、顺利进行。企业应增强人才培养意识，明确人才培养的重要性和紧迫感，对各部门、各下属公司的人才培养工作进行考核，考核结果作为整体绩效考核的一部分，并且作为负责人晋升、奖惩的依据之一。

5.4　合伙人团队建设

5.4.1　合伙人团队建设的原则

合伙人必须坚持以下 8 大原则，并贯彻到合伙企业运营过程中的每一个环节，保持企业内部的高度统一。

1. 目标一致

合伙人一定要有一个共同的目标，只有这样，在合伙人之间利益冲突的时候，大家才能够以大局为重，朝着最有利于公司利益的方向努力，而不是各自揣着自己的小心思，为自己的小团体或者个人谋利益。

2. 沟通第一

几方合作，最忌讳的就是不沟通。合伙创业，大家各有各的观点和问题，有了问题及时沟通，大家就可以一起去想办法解决。如果沟通不到位，就会给合伙人之间的关系带来不安定的因子，合伙人之间有了隔阂，也就等于给企业未来发展带来了隐患。这些问题不能及时处理，就会给企业的发展带来极大的损失。

3. 坚守诚信

"内诚于心，外信于人"，诚信是做人最基本的行为规范和道德标准。具体到合伙企业内部，在处理合伙人之间的关系时，一定要坚守诚信的原则。也许坚守诚信会暂时损害自己的利益，但从长远看是有益的。对其他合伙人言行一致、信守承诺，是保证合伙人之间能够良好合作的前提条件。

做到至诚至信，必定能感化他人，也必定能为自己赢得客户。诚信是对合伙人的基本道德要求，也是检验合伙企业能否良好运转的试金石。

4. 信任为本

企业合伙人对其他合伙人要坚守诚信，对其他合作伙伴也要坚持信任原则。既然决定彼此合作，就要给予对方最基本的信任。即使出了一些问题，也要从信任的角度一起查找原因。合作建立在信任的基础上，没有信任，合作就是一只纸老虎，一捅就破。

5. 宽容为上

宽容就是对与自己不一致的意见或观点能够耐心倾听、不动怒，对别人给自己造成的损失不过分计较。合伙人之间在探讨某些问题或者决策的时候，往往会出现意见相左、观点不一的情况，在激烈的争论中甚至可能出现言语上的冒犯。如果发生这样的情况，合伙人要有宽容的胸怀，以大局为重，不去计较，更不能当作日后某些行为的借口。否则，合伙人之间就会产生隔阂，最终会影响到企业的发展。

6. 吃亏是福

合伙人之间在利益分配上没有绝对的公平，如果你想追求绝对的公平，凡事不肯吃亏，那么你就输在了创业的起点。如果合伙人都站在自己的角度去看问题，那么人人都觉得自己吃了亏；相反，如果合伙人都能认为吃亏是福，大家心里就会比较坦然，不会因为利益分配问题纠结不清而影响到企业的发展。

7. 时刻谦虚

谦虚就是能放下自己的姿态。保持谦虚，一方面可以学到他人的长处，另一方面不会令其他人敬而远之。谦虚能让自己与其他合伙人以及下属之间的关系更加融洽，在团队合作中更具战斗力和凝聚力。

一些创业者在创业之初也许能谦虚待人，但是随着企业的不断发展和壮大，心态发生变化，从开始的兢兢业业到后来的浮躁散漫，从之前的谦虚谨慎到之后的狂妄自大，最终创业以失败告终。

8. 追求公平

合伙企业讲究"亲兄弟，明算账"，在合伙创业之初，利益纷争出现之前，先把丑话说在前头。合伙人一起制定相关规则和制度，并严格执行，这样，就算后期出现问题，有详细的条款摆在那里，大家也就无话可说。即使遇到大的利益纷争，只要勇于捍卫原则，最终大家也会理解，而不至于因此造成隔阂。这样能够很好地避免因为利益分配问题伤害合伙人彼此的感情，影响企业内部的团结。

如果企业合伙人能够坚持这 8 大原则，企业内部的不安定因素就会大大减少，合伙人就能真正携起手来，保持统一战线，共进共退，推动合伙企业快速发展。

5.4.2　"真合伙"团队建设

一个真合伙团队要满足以下几个核心标准。

（1）是一个创业团队，而不是一个管理团队。公司致力于长期创业而不是聚焦三五年，如果合伙人团队失去了创业精神，就意味着公司失去了发动机。

（2）核心任务是应对外界的不确定性，带领企业夺取一个又一个阶段性胜利，没有胜利就没有真合伙团队。

（3）引领组织的进化更新，既要发展业务，也要发展组织，还要塑造企业文化。

（4）最后一点非常重要，团队都是成年人。成年人这个概念是美国奈飞公司提出的，奈飞只欢迎成年人，成年人会对自己的时间负责，不会只是抱怨，而会自己解决问题。奈飞公司前 CHO 帕蒂·麦考德说："伟大的团队中每一位成员都知道自己要去往何方，并愿意为此付出努力。伟大的团队靠的不是激励、程序和福利待遇，而是渴望接受挑战的成年人。"成年人才会是合格的合伙人。

如何才能进化到真合伙团队呢？需要关注以下要素。

（1）外部适应性。德鲁克说过，一个企业的目的在于外部性，企业唯一的目的就是创造顾客。这个唯一目的必须由最高合伙团队来承担。如果一个企业的合伙人团队失去了外部适应性的视角，这个团队就不可能成为高效的团队。企业内部风格上、个性上、战略上、价值观上的矛盾，最后必须回到外部适应性，即怎么为客户、为市场贡献价值，从这个角度来解决。

真合伙团队最核心的任务就是去应对外界的各种模糊、混乱、不确定性。这个关键的要求会对整个团队生态产生直接的影响。

比如，这对什么样的人才是真合伙人有直接影响。从外部适应性的角度看，可以谈外部事情的合伙人才可能成为真合伙人。如果不能眼光一致向外的话，就不是真合伙人和真合伙团队。当然真合伙人还要有全局视野，不能只看到眼前而忽视全局，这样的合伙人也不是真合伙人。

（2）一把手。一把手必须时刻眼光向外，整个团队也必须眼光向外，有强烈的、共同的外部适应性。如果一个合伙人老是围着一把手转，没有外部视角，或者总是搞不定外部问题，需要一把手给他做心理辅导，这样的人肯定不是一个真正的合伙人，合伙人必须自己解决心理问题。合伙人团队共同的"上级"是外部的客户和相关方，而不是内部的任何声音，也不是一把手。当一把手失去了外部适应性这个视角和意识时，就会逐渐变成"土皇帝"，他自己成为一切的准绳，这是非常危险的。

当合伙人团队没有这种强烈的、共同的外部意识时，小矛盾就会变成大矛盾，没有外患，自然产生窝里斗。在前有围堵后有追兵的情况下，合伙人团队成员之间更应该是一种战友关系，整个团队需要调转枪头，一致对外。是竞争、挑战、环境指挥着合伙人团队，而不是内部一把手。

一把手独揽应对外部的权力和责任，某些时候是好事，但是到了某个阶段，需要他人一起共同分担对外责任的时候，就要提早准备。公司规模小的时候，在领导团队里除了一把手，其他人都是跟随角色，可能会非常有效。但当公司做大的时候，这个团队就需要升级，需要很多人能够与一把手对话，分担责任。

一把手一定要找到在某些方面比他强的人，而不要试图把自己变成全才。一把手要做的是拼图，而不是把自己当成整幅画。

（3）团队多样性。一把手对于人才的喜好会严重影响到团队的构成。很少人能像曹操那样，不喜欢的人也可以用。一把手一开始挑的可能都是他喜欢的人，但是要逐渐扩大选择范围，否则团队的多样性就容易出问题。不少高效的团队，其成员背景非常多元，甚至接纳一两个唱反调的人，就是为了能多角度对决策进行把关。例如华为就建立了红军、蓝军的攻防制度，蓝军是红军的对头，总挑红军的毛病。一把手还要非常明确地定义自己的领导风格，喜欢什么样的人不要藏着掖着。当然一把手对人才的喜好一定要随着公司的变化而变化。

（4）使命愿景。使命和愿景尽管和一把手很相关，但是在本质上来自外部适应性。要记住，组织的使命愿景不是一把手个人的使命愿景。

很多公司面临的一个基本挑战就是如何为客户提供优质产品和服务。这涉及公司的使命、愿景、价值观。只有打造真合伙团队，致力于为客户提供优质的产品和服务，使命愿景才会引领企业做出一些改变。

（5）真合伙人。真合伙人的核心是创业精神，真正能够帮助公司往前走的，是创业者，而不是管理者，所以要以对待创业者的态度去对待他们。新来的人只要有贡献，就应有可能在股权数量上超越原来的员工。很多公司里，最初创业的一批人占据了绝大部分股份，后面加入的员工都变成了打工者，而不是创业者。打工者怎么会有动力创造创业者的价值？因此，要给他们以创业者的回报，后来者必须要有可能超越创业股东才行。

真合伙人还应既能够发展业务又能够建立组织，作为构建者，建立起战略、运营流程和企业文化等。

（6）共同语言。当公司的业务模式基本形成，需要进一步扩大的时候，需要很多的共同语言，比如说华为引入的 IPD（集成产品开发）就是共同语言的范畴，使得协作效率大大提高。怎么样才能有共同语言？前提是要有系统思考，系统思考之后形成一个框架性表达，让大家都能听得懂，都能操作。很多真合伙人有能力带来某些方面的专业方法论和框架，并使之最终变成整个组织的共同语言。

（7）场域。每个团队是有场域的，一进去就可以感觉到。很多机制会影响到场域。比如，公司领导团队开会有没有好的机制？会议有没有分成不同的类型？涉及运营和财务的是一类会议，涉及战略的是另一类会议。这两类会议需要不同的氛围、不同的环境，甚至不同的开会方式，这些都会影响场域。场域包括激励、信息、沟通等因素。

总结一下，从创始人团队到真合伙团队，至少要从这七个方面努力。你可以从这些方面看看你目前的合伙人团队的状态是怎么样的，是不是真合伙团队。

5.5　合伙人监察

对合伙人也要进行监察，除了硬性的审计、纪检等风控手段，还可采取宣誓承诺、自检、360 度调查、问责制等软性机制，从源头上规范合伙人的职务行为。审计、纪检此处不赘述，重点说说宣誓承诺、自检与 360 度调查、问责制等，这些是不少企业忽视的地方。

5.5.1　宣誓承诺

也许有人会认为宣誓承诺不过是一种形式，但这种形式很重要，如果办得很有仪式感，就能够形成一种场的效应，从心理上强化合伙人的廉洁承诺。

例如，2005 年华为通过了《EMT 自律宣言》，要求在此后的两年时间内完成 EMT（经营管理团队）成员、中高层干部的关联供应商申报与关系清理，并通过制度化宣誓方式层层覆盖所有干部，接受全体员工的监督。

2007 年 9 月 29 日，华为举行了首次《EMT 自律宣言》宣誓大会，并将宣誓活动制度化。当天下午，任正非等 9 位 EMT 成员集体举起右手，庄严宣誓：

1. 正人先正己、以身作则、严于律己，做全体员工的楷模。高级干部的合法收入只能来自华为公司的分红及薪酬，除此之外不能以下述方式获得其他任何收入：

绝对不利用公司赋予我们的职权去影响和干扰公司各项业务，从中牟取私利，包括但不限于各种采购、销售、合作、外包等，不以任何形式损害公司利益。

············

2. 高级干部要正直无私，用人要五湖四海，不拉帮结派。不在自己管辖范围内形成不良作风。

3. 高级干部要有自我约束能力，通过自查、自纠、自我批判，每日三省吾身，以此建立干部队伍的自结机制。

······我们必须廉洁正气、奋发图强、励精图治，带领公司冲过未来征程上的暗礁险滩。我们绝不允许"上梁不正下梁歪"，绝不允许"堡垒从内部攻破"。我们将坚决履行以上承诺，并接受公司审计和全体员工的监督。

此后，集体宣誓在华为常态化，除了高层集体宣誓，华为还经常举行部门专项的集体宣誓。华为的集体宣誓既是一种教育、一种警诫、一种约束，也是一种激励。华为的集体宣誓是企业文化建设过程中的重要措施，是组织管理与干部管理的重要举措。华为的集体宣誓不仅是一种仪式，还是一种制度化的管理体系，是各级管理者一种自律行为的展示，是高层自信、自律、力量、团结与进取的展现。华为的集体宣誓是被实践证明有效的管理对策。

5.5.2　自检与 360 度调查

（1）公示。合伙人任职前要进行公示，听取员工对他们责任心、使命感、工作能力、思想道德品质的评议，由员工来监督合伙人。员工有不同意见均可反映，企业应组织相关部门调查、取证。

（2）自检。合伙人的年度工作报告必须包含本人对廉洁自律方面的自检，合伙人需要对本人及所分管领域的廉洁自律情况进行剖析和汇报，对存在的问题进行整改，对可能的风险进行预防。该报告可在一定范围内公示，接受大家的评议。

（3）360 度调查。调查内容聚焦于品德、周边合作、人员管理和改进点方面。企业可以设计 360 度问卷，定期对合伙人进行调查。调查需要匿名，以获取真实的信息，但也要避免单纯去寻找缺点、寻找问题。如果有缺点的话，要看这个缺点的权重有多大，有多少人反映，看看这个人是不是能改进。而不是说抓住一个缺点我们就成功了，用这种形而上学的方法最终会摧毁一个公司。

5.5.3　问责制

问责制强调责任追溯，追溯责任者、主管者、领导者对事件应负的责任，以及适当处罚。出了问题责任者一目了然，该处分就处分。一定要对各级干部实行问责制，坚决淘汰不合格的管理者，这样末位淘汰才会名副其实。

合伙人推荐任用的，若其在三年内出现问题（如品德问题、经济违规、不胜任岗位要求等），除根据公司相关规定对当事人予以必要的处理外，视问题性质及情节轻重，推荐者也要负主要连带责任。

第 6 章

合伙人激励机制

6.1 合伙人激励概述

对合伙人的激励一般是长期激励，不一定是股权激励，这一点我们在第 3 章中已经阐明。股权激励是一个资本时代的概念，是老板对员工的一种恩赐，而在人力资本时代，合伙人激励出现了很多新的变化。

首先，激励理念上更加注重增量。合伙人是来创造增量的，不是来分享存量的。每个合伙人都有原来的存量，存量是自己的，大家在一起要实现的是增量，因此合伙人更加注重价值创造，只有创造了增量，才有合伙人的分配。

其次，激励方式上更加注重共担。和以往员工不用花钱就能享受长期激励不同，合伙人激励更加注重共担，即合伙人必须以一定形式出资，共同承担合伙创业的责任。只有投入了，才更有资格分享成果。

最后，激励分配上更加注重劣后。作为劣后投资者，合伙人需要首先保证投资人的优先收益权，即旱涝保收，之后才是个人的收益，因此称为劣后。因为合伙人承担了更大的风险，所以双方可以约定更有激励性的分配计划，比如在取得超额收益的情况下，合伙人可以拿得更多。

6.1.1　合伙人激励工具

激励工具一般有3大类9种形式，如表6-1所示。

表6-1　激励工具选择

类别	激励工具
股权类	1. 普通股：是享有普通权利、承担普通义务的股份，是公司股份的最基本形式。普通股拥有最完整的权利，包括表决权、增值权和分红权，还可以自由处置。员工一般需要出资购买，或者以特定价格购买，购买股票的资金可由员工自行筹集，或公司提供借款，允许分期返还。
	2. 股票期权：指在一定时间内，以约定价格购买一定数量公司股份的权利。股票期权是面向公司中高层级人员的一种长期激励计划，其基本假设是，企业的股票价格（即企业的市场价值）受企业获利能力的影响，而公司中高层级人员在相当程度上可以影响这些因素。
	3. 业绩股票：公司用普通股作为长期激励性报酬支付给经营者，股权的转移由经营者是否达到了事先规定的业绩指标来决定。
调和类	4. 优先股：是享有优先权的股票。优先股的股东对公司资产、利润分配等享有优先权，其风险较小。但是优先股股东对公司事务无表决权。
	5. 限制性股票/虚拟受限股：指按照预先确定的条件授予激励对象一定数量的本公司股票，股票的某些权利受到限制，例如： （1）授予有条件：激励对象必须达到某种条件（如业绩达标）才可获取。 （2）转售有条件：激励对象满足一定条件才能转售，例如必须在职等。 （3）权利受限制：授予的一般不是普通股，缺失某项权利（如表决权等）。
	6. 股票增值权：指员工有权在某一特定时期得到公司一定数量的股票的升值价值。

续表

类别	激励工具
现金类	7. 递延奖金：是一种长期奖金机制，例如华为的 TUP 机制就是一种递延奖金。时间单位计划（time unit plan，TUP），即现金奖励型的递延分配计划，属于中长期激励模式的一种，除了分配额度上参照分红和股本增值确定之外，其他方面与涉及所有权性质的股票没有任何关系，更接近于分期付款。先给你一个获取收益的权利，但收益需要在未来 N 年中逐步兑现。华为采取的基本模式为，假如 2014 年给你配了 5 000 股，当期股票价值为 5.42 元，规定： （1）当年（第一年）没有分红权。 （2）2015 年（第二年），可以获取 5 000×1/3 股的分红权。 （3）2016 年（第三年），可以获取 5 000×2/3 股的分红权。 （4）2017 年（第四年），可以全额获取 5 000 股的分红权。 （5）2018 年（第五年），在全额获取分红权的同时，还能进行股票值结算。 如果当年股价升值到 6.42 元，则第五年你能获取的回报是：2018 年分红＋5 000×（6.42－5.42），同时对这 5 000 股进行权益清零。
	8. 业绩分红：公司向股东/员工发放一定份额的分红权益，定期获得分红。
	9. 利润分享计划：是企业在其税后利润中提取一部分作为奖金池，依据每一员工的绩效贡献进行分配。利润分享计划使员工更关注公司的利润，公司利润的大小直接影响员工的收益。

　　传统的长效激励与本书所述的合伙人激励均可以采用以上工具，在合伙人激励中，为了贯彻"四共"原则，还发展出一些较新的激励模式。

　　（1）跟投。合伙人（乃至普通员工）跟随企业一起对某项业务/项目进行投资，与企业共享收益或共担亏损。业内较为知名的是万科项目跟投、PE（私募股权基金）的项目跟投等。

　　（2）对赌。企业与合伙人就某个业绩条件进行对赌，赢则放大收益，输则缩小收益甚至亏损。常见于投资人与经营团队就业绩进行对赌，例如特斯拉根据研发节点决定股权激励、PE 与蒙牛就业绩进行对赌等。

6.1.2 合伙人激励的时机和模式选择

合伙人激励的时机选择很重要，即不同的企业发展阶段应采取不同的激励模式。

（1）初创/重要合伙人加入。这一阶段需要考虑的问题包括创始合伙人团队的搭建、股权的设置、预留后续合伙人股权、大股东代持等。由于企业规模小，资金实力不强，资金需求量大，希望期权工具对现金流压力较小，因此建议选择虚拟股权和股票期权。

（2）重要融资节点。投资人出资进入企业，一般要求企业进行多轮股权激励。这时企业会有增量估值，员工对企业的发展与个人的收入有一个好的预期。

（3）上市前（PRE-IPO）。考虑上市前的融资问题，可以再进行一轮股权激励，但要考虑股份支付对企业净利润的影响。由于企业规模扩大，经营业绩和盈利水平提高，对吸引和留住人才的需求增加，同时鉴于股东对股份稀释具有敏感性，因此建议股权型和现金型工具搭配使用，可选择虚拟股权、股票期权或者限制性股票。

（4）上市IPO。受上市监管，企业推出的股权激励计划不得超过总股本的10%，主要是对内部管理团队及核心员工的激励。由于企业业务运作稳定，现金充裕，核心在于留住关键人才和培养高素质人才，促使企业长期健康发展，因此建议进行虚拟股权或者限制性股票。

6.1.3 合伙人激励设计的步骤

1. 确定激励目的

激励的目的总体来说是承接"四共"理念，让合伙创造更大的价值。具体来说，一是让合伙人有权利和机会分享企业的剩余价值，让他们清楚自己到底在为谁工作，并激活他们处于"睡眠"状态的潜能。二是从人才管理的角度来看，对内，长期激励可以留住有能力的人才，调动他们的主观能动性，使其持续为企业服务；对外，可以吸引行业内有能力的人才加盟。三是通过合伙人激励机制，整合企业与人才的期望目标，让两者形成合力，推动企业快速发展。

2. 识别激励对象

激励对象只考虑核心合伙人是不够完善的，还应考虑以下对象。

（1）平台合伙人。指总部业务、技术、支持部门的核心员工，例如各部门的副总监、经理等，他们为一线业务提供管理和服务，是平台发挥功能的关键。

（2）业务合伙人。指一线从事某项具体业务的关键人员，例如区域负责人、门店经理、项目总经理等，他们承担业务的开拓和管理责任，创造收入，获取利润。

（3）外部合伙人。包括客户和上下游供应商。客户是公司价值的实现者，适当对客户进行激励，让其分享企业的发展价值，同样可以为企业打造稳定的业务关系，有助于企业在与同类组织的竞争中赢得更大市场，获得更多潜在客户。上下游供应商与企业共创价值，对它们进行激励，有助于建立优先的供应关系，确保企业的日常运营顺利开展。

3. 选时机

时机在前文已经提过，就是指企业初创、重要融资节点、上市前等。另外，长期激励的有效性必须由绩效考核的相关配套机制做支持，企业要能对创造的增量进行准确估值，比如医药公司要能对储备的新药项目进行估值，房地产公司对一级土地项目能够进行估值，否则，这种激励方式将成为一种福利。

很多企业虽然有长期激励机制，但没有绩效管理基础作保障，导致没有获得相应的激励效果，企业不能对长期激励对象所创造的价值进行动态管理，使激励失去意义。因此，对于尚未建立起绩效管理基础的企业来说，实施长期激励需格外谨慎。

4. 定来源

长期激励的资金来源于激励对象在未来利用企业平台开展业务活动所产生的收益，所以，长期激励是让员工分享企业在未来获得的收益。这里再强调一下，合伙人激励一定是增量激励，所有面向存量的激励都不切合实际。

因此，在激励机制设计过程中业绩指标考核的设计至关重要，否则没有业绩作支撑，长期激励只会沦为空想。有的企业在进行长期激励时会做出"分配现有的钱"或"按时分钱"的错误操作，这也容易令激励对象失去努力方向。

5. 定模式

在企业发展的不同时期，长期激励模式有不同的选择（见表6-2）。

表6-2　激励模式选择

生命周期	股权模式选择	操作要点
初创期	1. 普通股 2. 虚拟股权和股票期权	1. 核心合伙人可享受普通股 2. 其余员工可享受虚拟股权/期权
发展期	受限股/虚拟受限股	1. 同股不同权 2. 享受企业超额利润分红
成熟期	1. 期权 2. 普通股/优先股 3. 限制性股票	1. 期权差价，同股不同权 2. 享受分红收益及转让 3. 选好期股行权价格
转型与衰退期	限制性股票	1. 达到业绩及期限要求，期权转为实股 2. 在公司章程中做好对经营权的控制

对各种长期激励的选择，应以更好地调动长期激励对象的积极性为最终目的，根据企业自身特点来决定，可选择多种模式并行使用。

6. 定周期

如果将长期激励周期设计为一成不变的3～5年，可能就无法让员工的能力与长期激励形成合力与共振，这是因为长期激励与员工并没有形成对等效应。

因此，在设计长期激励周期时必须关注三个方面。

一是以员工创造价值的周期为标准进行激励，如产品研发周期、员工能力周期、项目周期等。

二是在具有竞争性的情况下，长期激励要尽可能做到分批授予和延迟支付，以保持与人才的长期合作；否则，若让员工一夜暴富，就会使其失去奋斗的动力，不能持续为组织做出贡献。

三是要将长期激励收益尽可能地用于企业持续发展，让长期激励受益者成为一个拥有股权的富人，而不仅仅是一个有钱人。

7. 实施动态管理

对于被激励对象的管理，必须根据其业绩贡献创造的价值，不断进行激励的动态调整以保障长期激励的有效性。股权激励之所以日渐走下坡路，是因为它和持续奋斗的理念是相悖的，为永葆持续奋斗的激情，必须根据业绩对激励进行动态管理。

动态价值管理需遵循以下四个原则：

（1）价值创造原则。企业每个年度都应与长期激励对象签订业绩承诺书，明确长期激励对象所要创造的价值，确保将公司的"蛋糕"做大。

（2）价值评估原则。对于长期激励对象要以绩效管理为本，进行业绩评估，实时掌握激励对象创造的价值量。

（3）价值分配原则。给予长期激励对象的股权多少取决于其创造的价值量。对于实现业绩承诺的要按计划兑现，对于没有实现业绩承诺的应降低长期激励标准。对于创造了超出业绩承诺价值的长期激励对象，可增加相应股份，让长期激励与激励对象创造的价值挂钩。

（4）进退管理原则。对于业绩较差的合伙人，公司可以安排其退出不再享受长期激励。同时，对有能力和潜质的员工进行评估，按长期激励动态管理规则，使其享受长期激励。这样就可确保激励机制的活力，长期激励有能力做出价值贡献的员工。

8. 定标准

激励标准不是越高越好，要掌握一个度。在确定激励标准时，企业一定要解决好两个问题：

一是解决好外部竞争性问题。根据同类企业、同等职务进行激励对标管理，考虑市场差距，如果标准定得过于保守，就无法达到激励对象的期望，让激励对象对企业失去信心。

二是解决好内部公平性问题。可以利用海氏评估法等专业评估工具，妥善处理激励对象的内部排序与奖励标准。

解决好对外竞争性与对内公平性的问题，才能保障长期激励有序而不乱。

9. 实施预期管理

对于激励对象来说，无论每年的绩效评估后兑现的长期激励标准和激励计划一致、提高还是降低，都必须根据绩效结果做好执行激励标准前的思想沟通工作。

在长期激励过程中，对激励对象进行预期管理是非常重要的，因为预期管理能帮助企业和激励对象根据经营实际客观地认识双方的预期是否同步，解决激励对象在激励过程中的思想问题，同时也有利于企业对激励机制进行有效调整，避免企业与激励对象双方出现较大的心理偏差，最终影响双方的发展。

10. 选择长期激励设计者

对于长期激励制度而言，企业的最佳选择是避免自我设计，转而寻找利益不相关的第三方，否则，无论多么完美的方案都将失去公信力。

激励方案的设计是一个系统工程，除了要考虑从员工在职、辞职、辞退、死亡等操作层面明确双方的权利与义务等法律因素外，更应该从心理学角度考虑激励因素。有的拟上市公司或上市公司借助律师事务所或会计师事务所的力量，从企业角度进行长期激励制度的设计，这种方式缺少组织激励专家的参与，无法融入被激励对象的想法，容易使激励方案失去作用。

6.2　内部合伙人激励

6.2.1　平台合伙人激励

平台合伙人指总部平台上的高管和各职能部门的核心员工，他们是平台的运营者，面向一线业务提供管理和服务，对公司整体业绩负责，因此对他们的激励可以与整体业绩挂钩。

对他们的激励可以选择各种模式，视企业的需要而定。比如上市公司可以选择限制性股票方式，约定某个业绩条件，达到则授予合伙人团队一定数额的股票，并在一定年限内限制转售。有的非上市公司采取虚拟受限股的形式进行激励，合伙人团队可以获得增值和分红，但不享有投票权。实践中，对平台合伙人激励工具的选择空间很大，选择各种模式的都有。也有企业按照合伙人级别分别采取不同的模式，对核心合伙人团队采取股权类激励，对中基层的合伙人采取受限股、TUP 等形式的激励。

➡ **案例**

小米公司的股权激励

小米公司的股权激励计划从公司刚刚成立之时就着手实施，相对于大多数公司而言，可谓是十分有远见，在律师专业法律服务的协助下，公司的股权激励计划方案科学完善，不仅增强了员工对公司的归属与认同感，而且一套制度化的设定避免了潜在的争议，促进了公司的发展。

2018 年 5 月 3 日，小米公司正式向香港联合交易所提交《招股说明书》，申请上市。《招股说明书》充分全面地披露了小米的商业模式、股权架构、财务信息和发展战略等。

1. 股权激励股份的性质

小米公司授予员工的股权激励股份有三种：一是购股权；二是受限制股份奖励；三是受限制股份单位。

（1）购股权。港股中规定的购股权类似于 A 股中的股票期权，也就是授予激励对象一定数量股份，待到约定的时间和条件成就时，由激励对象按照约定的价格以无偿或者有偿的方式一次性或者分期购买公司股票。通俗地说，就是给激励对象一个权利，在未来的一定时间内，以约定的价格购买公司一定数量股票的权利。当然这个权利的行使是以激励对象在公司持续服务或达成公司约定的业绩条件为前提。

（2）受限制股份奖励。港股中规定的股份奖励类似于A股的限制性股票激励。就是授予激励对象一定数量的股份，授予时就无偿或者按照约定的价格出售给激励对象。但是激励对象取得的股份的权利会受到一定的限制，比如不能转让，不能抵押、质押、偿还借款等，并且可能在约定的情形出现时由公司对奖励的股份进行回购。

（3）受限制股份单位。受限制股份单位有点类似于国内的虚拟股，但它也不完全是"虚"的。公司授予激励对象一定数额的股份单位，在约定的时间或者业绩完成的情况下，公司可以通过现金的方式对已经归属的受限制股份进行回购，当然也可以约定公司将一定数量的股份给激励对象。需要说明的是，小米的这份"雇员购股权计划"是在小米上市前实施的，其具体的权利义务完全由公司与激励对象协商确定（当然是以公司为主导），并不受联交所上市规则的约束和影响。如果小米在上市后再实施股权激励，那么必将受到联交所上市规则的约束。

2. 股权激励实施的时间和人数

根据《招股说明书》，小米公司从2010年4月1日至2018年5月1日已经授出但尚未行使的购股权共计224 500 097股，均为B类普通股。从时间上看，小米公司从成立至今都在做股权激励计划，未来还要做。很多人认为公司的股权激励计划只能在企业增长期实施，其实不然，小米公司的例子说明，股权激励计划适用于公司的初创期、增长期、稳定期等各阶段，各个阶段的股权激励都有着独特的作用。

小米的《招股说明书》显示，截至2018年3月31日，小米在全球拥有14 513名全职员工，有多少员工通过股权激励拿到了小米公司的股份呢？《招股说明书》显示是超过 5 500 名（不含高管），也就是说员工中的 37.89％都拿到了小米公司的股份。可以说，这一比例是较大的，股权激励在很大程度上调动了核心员工的积极性。

3. 股权激励的股份价值

截至 2018 年 3 月 31 日，5 500 多名员工持有以股份为基础的奖励，平均每人得到 32 831 股股权激励，如果按照千亿美元市值计算，相当于价值 156.773 万美元（约合人民币 995.4 万元）。也就是说，享有股权激励的员工人均可以得到千万元，基本实现了财务自由。

4. 股权激励的时间限制

小米公司对股权激励进行了时间限制，根据《招股说明书》，公司高管的购股权归属期为 5～10 年，超过 5 500 名员工的购股权归属期（1～10 年）。可以看出，因为高管是公司经营关系的核心人员，公司对高管的要求较一般员工高。

5. 股权激励的约束性条件

除时间和价格等约定内容外，《招股说明书》还披露了小米公司股权激励对员工的约束性条件，如业绩要求、中途退出、辞退、离职、身故等问题，从而保障股权激励后续的施行。

从小米的股权激励模式，我们观察到小米贯彻了以下重要原则。

（1）共担原则。所有授出的股份一定要由员工出资购买。如果不出资购买，激励的效果就会打折扣，有时并不能真正实现绑定和激励员工。从小米的股权激励计划来看，小米购股权的行使是从无偿赠与到需要出资购买这样一个过程。

（2）动态激励原则。小米的股权激励方案充分体现了股权激励应当动态调整的原则。一方面，在企业初创期，获授股权的价格是相对低的，甚至是无偿的，而随着企业的发展，后加入的员工或者后期获授的股份价格应当逐步提高，以体现对早期进入者的公平，毕竟他们所承担的风险更大，而且前期公司对他们的薪酬激励可能更小。另一方面，小米的股权激励坚持持续激励的原则。每一名员工获授的股份随着入职时间、职务、业绩的变化而变化，对员工进行持续的激励是非常必要的。

（3）针对性原则。对不同级别、不同类别的人员采用不同的激励工具，设计不同的激励条件，做到差异化。

6.2.2　业务合伙人激励

业务合伙人一般是一方诸侯，对某个区域/产品线/项目/店面等的经营业绩负责，企业一般让他们小股操盘，他们的激励选择空间较大，比较常见的有跟投模式和对赌模式，下面具体介绍。

1. 跟投模式

跟投是相对主投而言的，最早出现在金融领域，为了实现风险和利益共同体才出现了跟投机制。但随着利益风险绑定，这种机制的科学性和有效性逐步延伸到了其他产业，特别是房地产业。

跟投对双方都是有益的。作为追随者，跟投人省去了寻找一些好的投资方向的时间，可以有效降低投资风险，同时通过跟投可以分享到适当的红利。对于主投方来说，可以进一步扩大资金池的规模，降低管理成本，提高参与者积极性，还可以起到分散风险的作用。

（1）跟投机制的三个特点。

①高不确定性。具有高不确定性的一般为新业务、新产品或新技术。由于基础起点低，未来的收益成长存在很高的不确定性。

②周期性。有两层含义：一个是自然周期，项目制的业务或者产业天然就有一个周期；另一个是人为周期，对非项目制的产品和业务约定一个回购条款或者约定一个员工跟投的结束期，这样就人为确定了项目或者产业的周期。

③财务投资性。跟投机制更多是在分享收益权，而不是去争取决策权。

（2）跟投机制的基本模式。

①员工直投。这是指管理层与员工分别直接出资投入项目公司或者业务公司，从而实现跟投的方式。这种跟投方式的特点是直接，而且同股同权，因为个人是作为股东去参与公司投资。同股同权最重要的一个问题是决策权与分红权无法分离，这样管理的难度和复杂程度就会增加。现在的跟投机制很少使用这种简单的直投模式，因其不利于跟投机制的管理。

②持股平台跟投。管理层和员工通过出资成立一个有限公司或者有限合伙企业，由有限合伙企业再去投资项目公司或者业务公司。管理层作为普通合伙人，员工作为有限合伙人，去投资有限合伙企业。这种模式的特点是间接持股，能够有效地实现决策权与分红权的分离，管理操作比较简单。现在大多数跟投机制（包括房地产和其他行业）会采用这种方式。

③认购基金份额跟投。管理层和员工并不是简单地通过成立一个持股平台直接持有项目公司，而是由这个业务或项目的大股东成立一个投资基金，去投资各个项目或业务公司，而管理层和员工都是通过认购基金股份的形式去参与项目公司或业务公司以实现跟投机制。这种模式的特点是通过间接持股来实现收益分红权，但可能的问题是利益绑定，针对性不强。

对于这三种基本模式，很多企业并不是简单地选其中一种，而是会采取不同的方式嵌套使用，从而满足自己对跟投机制设计与实施的需要。

➡ **案例**

万科的模式

万科模式嵌套了很多基本模式。

首先，由最上层的管理层代表和员工代表成立一个有限合伙企业去参与跟投。

但这个有限合伙企业并不是直接跟投项目，而是由它和母公司成立的盈达投资管理基金再成立一个有限合伙企业，去参与项目跟投。

本区域城市公司的一部分代表是通过有限合伙企业投资的，有些人的跟投实际上是通过与有限公司 B 代持协议的方式来实现的。

其他区域的员工也想要参与这个项目跟投怎么办？通过购买大股东公司成立的投资管理基金的基金份额来实现。

不管你去城市公司还是其他的区域公司，都可在跟投项目中通过不同的持股方式来实现。

（3）跟投制度实施的关键点。

①实施范围。跟投制度首先要解决的是实施范围的问题，也就是说哪些人参与跟投。

跟投制度激励的重点对象是公司的中高层管理者，也就是说首先要把管理者纳入跟投制度，使之共享公司发展成果，增强其责任感、获得感。公司的中高层管理者一般会强制跟投。

如果有一些员工也有意愿跟投，怎么办？可以采用自愿的原则。也就是说，除了中高层管理者，其他员工能以自愿跟投的形式加入进来。

②跟投比例划分。公司拿出多少比例吸引员工跟投主要取决于以下因素：一是项目大小；二是参与人数多少；三是员工筹资难度。

项目越多，需要的资金量越大，员工需要自筹的部分越多，对员工眼前利益的影响越大；参与人数越多，员工出资就越少，每人分配的份额越少，对员工的激励作用也越小；员工筹资难度越大，对员工跟投的积极性影响越大，跟投实现的可能性越小。对于那些强制跟投人员，如果规定了出资数额却拿不出来，会让员工和公司都感到尴尬。一般按照员工三年年薪的 20% 左右计算员工可承受的金额范围。

根据实战经验，跟投比例在 10%～30%，也就是说，不要低于10%，也不要高于 30%。众数多在 10% 和 15%。低于 10% 起不到激励作用，高于 30% 员工筹资困难，增大了实现的难度。

③认缴份额。若公司拿出 10% 给员工跟投，这 10% 如何在员工中分配？

这会涉及三类人员，即公司总部人员、各项目公司人员、其他利益相关者。

由于总部人员可以跟投所有项目，所以在单个项目上总部人员跟投比例不得超过 30%。

项目公司人员是项目的实施主体，理应承担主要责任，同时享有主要权益，因此项目公司人员跟投比例不得低于跟投份额的40%，其中项目负责人不得低于项目公司跟投部分的 20%。

很多公司为了吸引供应商、客户、其他战略合作伙伴参与到项目中，拿出了一定比例请它们跟投，一般不超过跟投部分的30%。

④资金来源。跟投的初衷是把员工的自身利益与公司利益捆绑在一起，因此员工跟投资金的主要来源应为自有资金。

如果员工筹资有困难，公司可以为其担保找金融机构贷款，也可以直接借款给员工，加上一定的利息（利息可按同期银行利息计算，也可以按照公司融资平均成本计算）。

⑤中期分配。有些项目周期较长，如果等到项目结束后再进行分红，员工的收益会受到影响，尤其是当员工借款跟投时，可能会陷入财务紧张，因此可以采用预分红的办法，缓解员工财务问题。

预分红比例的确定一般有两种做法：

一是按照预计净利润的50%进行预分配（在利润预测清晰、预估方法简单的情况下）；

二是按照年化资金收益的50%进行预分配。

二者取较小的数值。

2. 对赌模式

对赌是一项在投资方对目标企业价值的预期与实际情况发生差异时的调整补偿措施，其英文"valuation adjustment mechanism"（VAM）译为"价值调整机制"，当投资方在投资并购交易时预期的目标企业业绩出现超过约定范围的波动，合同相应的一方有权按约定获得补偿。

对赌协议用于降低投资方与原公司股东之间的信息不对称，降低投资人的风险。因为原公司股东在对公司的信息掌握上处于优势地位，所以可能在交易时掩盖公司真实信息，刻意突出优势、淡化劣势。对赌协议通过设定将来一定时期内的业绩指标，可以降低这种风险。若原公司股东提供信息失真，或协议中的既定目标无法实现，原公司股东将承担相应赔偿或补偿责任。

同时，对赌协议能够激励和约束原股东或企业管理层，可以设定一个奖惩机制，如果企业管理层全力完成对赌协议中约定的条件，就可以获得相应的激励和收益，反之则可能劳而无功甚至产生其他损失。

对赌的方式主要有三种。

（1）现金补偿。以现金补偿作为对赌条件是最常见的对赌形式。交易条款可约定，当原公司未能实现约定的业绩指标时，原公司股东管理层或实际控制人将向投资方支付一定数量的现金补偿；如果原公司股东完成了约定的业绩指标，则投资方用现金奖励原公司股东。

例如，在华谊兄弟投资掌趣科技的交易中，双方签署了《股权转让与投资协议》，约定融资方掌趣科技的主要股东保证掌趣科技2010 年和 2011 年平均净利润（A）不低于人民币 5 000 万元，如果未实现，则主要股东应按照（5 000 万元－A）×12 倍×22％的金额补偿华谊兄弟。一般而言，补偿金额可根据投资方的 PE（市盈率）和占股比例确定。

（2）股权调整。投融资方可以约定，当公司业绩指标未实现时，投资方可以较低价格增资；反之，投资方将无偿或低价将一部分股权转让给企业实际控制人。这样如果企业经营不善，原股东可能会被迫降低其在公司中的股权比例，反之亦然。

在摩根士丹利和鼎晖投资永乐电器案中，投资人与永乐电器管理层签订协议，约定如果永乐电器当年的净利润超过 7.5 亿元人民币，外资股东将向管理层转让 4 697.38 万股永乐电器股权；如果净利润等于或低于 6.75 亿元，管理层将向外资股股东转让 4 697.38

万股永乐电器股权。

（3）股权回购。该条款一般以企业上市为条件来作为业绩调整的基准。如果企业未在约定的期限内上市，原公司股东或其实际控制人将以投资方投资款加固定回报的价格回购投资方持有的原公司股东的全部股权，投资方以此方式实现退出。

对赌协议作为投资方与原公司股东之间的合同，由双方平等、真实协商签订，没有我国合同法规定的无效和可撤销的情形的，合法有效。但要注意的是，对赌是股东之间的利益平衡，而不能约定由公司给予投资方保底收益或固定回报的条款。

业务合伙人激励的关键是要确定估值逻辑和交易结构。

①估值逻辑：以什么标准和方法对业务进行估值？这是投资人和经营团队事先要清楚约定的，必须得到双方一致认同。这个逻辑可以简单粗暴，不需要设计得很复杂。比如按照节点进行估值，约定达到节点 A，估值为××万元；达到节点 B，估值为××万元。计算简单清晰，不至于起纠纷。为了公平起见，双方可能还要聘请外部评估机构，对估值做出公正的判定。

②交易结构：交易结构是双方在投资、退出、分配方面的一系列安排，特别是在退出和分配方面。最初的投资是双方谈判协商达成的，比如公司和合伙人约定股权比例三七开，公司负责出资，合伙人投入人力和技术并负责运营，投资时的结构比较容易确定。难在后续退出和分配，如果不约定清楚很容易产生矛盾，正所谓请神容易送神难。一般退出的交易结构有股权回购、转换（上翻到更大股权平台中）、独立上市、管理层买断（MBO）等，无论哪种交易结构，都需要有公允的估值作支撑。分配一般根据股权比例进行，还要考虑税务问题。

6.3 外部合伙人激励

外部合伙人最主要的是业务合伙人，比如渠道、区域等合伙人，对他们的激励方式和内部业务合伙人差不多，只不过更有法律层面保障、金额可能更大、合伙更加动态化。

（1）更有法律层面保障。企业与外部合伙人的激励一般签署有正式协议或者通过合资公司的形式进行，在法律上更有保障。

（2）金额可能更大。外部合伙人的投入一般高于内部合伙人，他们一般以小股东出现在合资公司中，出资金额更大；而内部合伙人一般是有限合伙人或者以协议的形式明确投入金额。

（3）合伙更加动态化。外部合伙人比内部合伙人有更大的流动性，对他们的业绩要求可能比较刚性和严格，因此外部合伙人呈现出更加动态的趋势。

➡ **案例**

某连锁企业的外部合伙人计划

某连锁企业成立两年多，营业收入达 3 亿元，希望快速抢占市场，成为该领域第一家上市公司，但留给该连锁企业的时间不到 4 年，未来 3 年内要在全国开设数百家门店，而且门店要达到盈利状态。

问题是，每家门店需要投资数百万元至千万元，每家门店的年营业收入要达到上亿元才能盈利，上哪儿找这么多资金、这么多门店负责人？

如果自己开直营店，派人去当地负责，或是招聘当地的职业经理人，将总部的运营方式移植到地方，自己培养门店负责人，可能需要 10 年以上的行业深耕，且需要投入大量的人力成本。

用已经建立起来的品牌形象招揽加盟商，让其投资并不难。但这种模式的弊端在于，连锁企业的线下门店主要着力打造产品和服务，加盟无助于做好品控，服务质量无法保障。

只有老板级别且有当地资源的合伙人或是优秀的职业营销总经理才能够胜任这项工作。传统加盟方式通常是：连锁企业提供品牌，收取加盟费；提供供应链，赚取中间差价。加盟商则利用品牌，迅速获取客户，赚取利润分成。而该连锁企业是互联网＋连锁店商业模式，需要先将规模做到一定程度才能盈利，通常情况下 3 年后才能盈利。门店 3 年不盈利，拿什么来分红？这恰恰是渴望短期获利的老板和职业经理人不能接受的。

怎么解决？该企业经过深思熟虑，决定执行外部合伙人计划。

（1）合伙人计划方案。将直营和加盟模式融合起来，形成外部合伙人计划。该连锁企业和加盟商一起开公司。自身控股 60％，剩下的 40％ 的股份在当地找合伙人来投资和入股。合资公司（门店）的业务操作、运营流程全部由当地合伙人负责，而供应链和管理体系会从该企业直接移植过去。

（2）投资结构。该连锁企业（普通合伙人）与加盟商的核心管理团队（出现金）共同成立有限合伙企业。有限合伙企业投资该连锁企业新建的门店（包括新建、并购、扩建）。

（3）培育期。该连锁企业通过授权使用商标、提供专业指导、共享营销资源，经过 3 年的培育期，使合资门店发展起来。门店盈利前，加盟商核心管理团队领取工资加奖金；门店盈利后，加盟商核心管理团队作为股东获得分红。

（4）优质盈利期。该连锁企业和加盟商达成一致协议，如果门店达到优质盈利的条件，加盟商及其团队可以变现一部分或全部的门店股权以获得收益，收益是投资额的 10 倍，其中 20％ 用现金支付，80％ 用股票支付。重奖之下必有勇夫，此举让该连锁企业一周之内收到 4 000 份优秀门店总经理的简历。

（5）资本增值期。一旦该连锁企业上市，加盟商及其团队手中的股票又将获得资本收益。

（6）并购期。考虑到直接由上市公司新建门店可能对当期业绩造成一定拖累，该连锁企业上市后会设立并购基金，由并购基金在体系外开设门店，进行门店收购、新建和培育工作。培育期需要 3 年左右才能盈利，在其营业收入水平达到 1 亿元时即可并入上市公司，成熟一批收购一批。

体外门店都将通过上市公司的标准培训，其运作模式、财务管理等方面和该连锁企业保持一致。该连锁企业也在市场培育、人员培养等方面大力提高置入门店的能力和水平，置入门店已经完成了相关的一体化进程，具备和上市公司无缝对接的能力，因此管理层和员工都不会也不需要变化，这保证了置入门店良好发展势头的可持续性。

以现金、股票或二者结合的方式进行收购。这种方式将充分利用上市公司的优越性，节省收购的现金成本，加快新建门店的成熟速度，调动核心员工的积极性，可谓一举多得。

（7）市值管理。上市公司通过收购优质的连锁门店（子公司）注入上市公司，进一步增强上市公司的盈利能力，激励对象的退出渠道不再拘泥于企业上市后的二级市场抛售，而是可以由上市公司或并购基金回购。

在这个股权激励项目中，需要激励的对象有几类：一是总部职能部门的人员；二是总部营销骨干；三是大区核心管理人员；四是门店核心管理人员；五是手上有闲钱愿意投钱给企业的员工；六是有客户关系、人脉资源、门店资源、仓库资源的外部人员。每类人员的激励模式不同，只有用到多种组合拳才能产生真正的激励效果。

6.4　荣誉合伙人激励

荣誉合伙人一般已经退出公司执行层面，是退休的合伙人或者有特殊资源的外部人士，一般不宜对他们再采取长期激励模式，而可以考虑以顾问费、阶段性的投资机会等对他们予以激励。

有些荣誉合伙人退休后仍然持有公司的股份，这些股份的权利是否发生变化，要看各公司的具体规定。有的企业采取的是实股形式（普通股/优先股），那么股份的权利在合伙人退休后不会发生任何变化；有的企业采取的是虚拟股份/现金类计划，那么股份的权利在合伙人退休后可能会受到一定影响，比如华为规定合伙人在一定年限内可以继续持有股份，但是分红可能要减半。

有的企业给予荣誉合伙人一定的投资机会，比如让他们参与某项目/业务的跟投，荣誉合伙人仍然需要出资，相当于自愿的跟投对象。对于带有资源的外部合伙人，特别是关系资源，也可采取项目制奖金/股权的形式予以激励，一般不会长期捆绑。因为资源是否能变现是一个未知数，而且会随着时间、地点的不同发生变化，所以双方可能都不愿意长期捆绑。

6.5 激励模式组合

一般而言，一种激励模式不可能包打天下，经常要考虑组合应用。以华为为例，其虚拟受限股原先很有效，后来随着业务的发展和公司国际化慢慢出现了很多弊端，于是采用了时间单位计划（TUP），现在这两种模式在华为并存。合伙人激励模式受到发展阶段的影响，同时也受到合伙人类型、业务类型，甚至合伙人风险偏好等的影响，因此需要对激励模式进行组合设计，以应对不同情况下的挑战，获得更好的激励效果。

要注意，不能使激励模式过于复杂，不然管理成本会急剧上升。例如华为现在仅有两种模式，但企业规模大，需要调整 TUP和虚拟股权的分配比例。我们建议，企业主流的长效激励模式一般不要超过 3 种，以免管理成本过大。而针对局部业务乃至某个具体合伙人，也可以设计单独的激励方案，这种方案一般可以相对个性化，就像给每个人单独制定绩效目标和工资标准一样。

前几节我们已经针对不同类型的合伙人介绍了适合他们的激励模式，接下来将针对不同业务类型、不同工具组合展开讨论。

6.5.1 不同业务的激励组合

一个公司一般会存在新老业务。成熟业务比较稳定，现金流较足，人员的预期和干劲也比较稳定，对他们的激励偏向现金类，例如利润分享、递延奖金等。微软告别高速增长后，其激励模式就转向现金类激励。

新业务一般需要自立门户，因为它和老业务一般不兼容，二者放在一起容易出现排异。克里斯滕森在《颠覆式创新》一书中明确指出，新业务最好采取"体外循环"的方式，华为进军手机领域、雷军创立小米等都是采取注册新公司或设立独立事业部的形式。

在老业务中大概率无法孵化出新业务，新业务最好自成一体，它需要设计一种更适合的机制，这一机制不是单一的激励方案，而是一整套制度设计，能在吸引优秀人才、提高激励效果、管控新业务团队等方面进行相应的调整和规范。在这一模式中，人才不再是激励对象，而是老板的事业合伙人，享有比普通员工更高的权利，也承担着更大的责任。可以说，不同的模式体现着企业不同的经营思维和管理方式。在设计合伙人模式时要重点考虑以下方面。

1. 新设子公司

新设子公司而不是分公司作为业务平台和激励载体，有几个明显的优点。

（1）独立性。新公司在财务、人员、业务方面独立，以便于对新公司进行独立核算，防止新公司与总公司在业务、财务等方面混在一起。

（2）有股权运作空间。一方面，可以在子公司层面给业务团队留出足够的股权激励空间；另一方面，可以用子公司的股权吸引重要产业伙伴或产业投资者加盟。

（3）实现风险隔离。新公司作为独立的法人主体，独立承担责任，即使出现亏损，总公司及总公司的股东也只是以投资额为限承担责任，不会影响母公司的财务报表或估值。

需要注意的是，如果母公司是上市或挂牌企业，或者子公司以上市或挂牌为目标，新设子公司作为业务主体，母子公司之间可能存在业务往来，出现关联交易。目前的审核标准并不完全禁止关联交易，但要求关联交易履行相应的审议程序，定价公允合理。因此母子公司要完善相应的程序，规避审核风险。

2. 设计子公司的股权结构

新公司的股权设计，首先要确保母公司对子公司的控制权，其次在子公司层面给子公司合伙人团队足够的股权激励，最后让公司其他管理人员在子公司跟投，用股权来吸纳公司各层级的支持。

母公司的控制权有三种，分别对应着不同的持股额度。第一种是绝对控股，因为我国公司法中规定公司的重大事项必须经代表 2/3 以上表决权的股东通过，母公司对应的持股比例在 67% 以上；第二种是相对控股，母公司持股比例在 50% 以上；第三种是一票否决权，即占股 34% 以上，对公司的重大事项有一票否决权。

在设计新业务的股权结构时，我们建议母公司对子公司的持股比例至少为 50%～67%，一方面可以进行并表，另一方面也为未来母公司的发展战略调整留下稀释空间。根据母公司的持股情况确定管理团队的持股比例，一般在 34% 左右，评判的关键是母公司是否给合伙人团队一票否决权以及能否对合伙人团队形成足够的激励。同时合伙人团队中的领导人应该至少持有其团队一半以上的总份额。剩余的股权份额开放给母公司其他管理人员跟投，一般为 5%～10%，让原业务人员能够支持新业务的发展，并从中受益。

这其中有两点需要特别注意：一是保障母公司对子公司的控制权是母公司持股比例的底线，可以根据科学的激励水平测算，适当降低合伙人团队的持股比例以保障未来子公司的资本运作空间；二是如果母公司是上市或挂牌公司，为避免利益输送，母公司的董事、监事及高级管理人员不能参与跟投。

3. 确定子公司的注册资本

在确定股权架构的基础上确定子公司的注册资本。根据经验，子公司的注册资本为500万～1 000万元比较合适，如果子公司团队的出资能力较强，同时业务发展需要较多的资金，那么应尽量高于500万元，以实现对合伙人管理团队的深度绑定，降低未来业务发展的资金成本，也可以提供更多的股份份额给公司其他核心成员跟投。

4. 建立管控制度

新设公司的形式会给母公司对子公司的监管造成困难，管控机制设计的重要性凸显，这也是整个合伙人模式的关键要点。母公司对新兴业务既不能完全不管（由合伙人团队自行决策），也不能什么都管（事事上报、件件审批）。母公司对子公司进行战略型管控比较适合，具体来说，母公司应当在子公司的董事会中占有1/2以上或2/3的席位，同时子公司在财务、人力资源、对外投资等核心决策方面需要通过公司董事会或股东会同意，对于特别重大的财务、投资等事项，甚至可以规定须经母公司董事会及股东会审批，但子公司日常的经营活动完全由管理团队自主决定。战略型的管控保证了母公司对子公司的监管，又不干涉企业的自主经营决策权，可以实现"管放适度"的良好状态。

5. 设计共担约束机制

新兴业务的共担机制与传统业务不同，表现在以下几个方面。

（1）考核指标的设置不同。在传统股权激励中，考核机制普遍设置为净利润增长率或者净资产收益率。对于新兴业务而言，业务成长远比净利润增长更重要，因此营业收入增长率或者用户数这些指标可能更适合，要根据行业的成长性特点进行指标设定，没有统一适用的标准。

（2）以终为始确定考核指标数值。在确定考核指标数值时，以更适合新业务的考核指标为主，同时以新业务在未来五年中单独上市或挂牌为目标反推出每一年需要实现的营业收入规模、利润增长率等指标，以此为辅，形成主辅搭配的格局。

（3）确定不能实现业务业绩约束条件时要承担的责任。如果不能实现约束条件，管理团队要与母公司股东共担风险，有两种常见的选择：第一是公司按照净资产和管理团队出资的低值回收管理团队的股权，甚至是在净资产与出资之间低值的基础上折扣回收股权；第二是管理团队用股权价值弥补实现的业绩与约束条件之间的差距。

6. 收益和退出机制

收益和退出机制可以从短期和长期两个层次考虑。在短期，子公司每年都应当根据公司发展情况，按照一定比例对所有股东分红；同时，如果合伙人团队实现了超额业绩，还应该给予特别的奖金。在长期，要考虑合伙人团队股份及跟投股份的退出。一般来说，子公司股权可以通过挂牌上市、融资转让、母公司回购等方式退出。当然，对离职、丧失劳动能力、退休、违法违规等特殊情况也应该明确退出方式。

7. 塑造"奋斗者"文化

在设计合伙人机制时要细致考虑，将权利义务、程序规则设计得清清楚楚、明明白白，并形成文本文件。但合伙人机制能否最终成功，不在于公司的战略，不在于公司的机制设计，而在于公司全体员工的信心与决心，在于公司合伙的心态。因此，合伙人需要完成从职业经理人到事业合伙人的心态转变、角色转变和能力提升。在日常执行中，企业要加强文化上的引导和塑造，避免制度在执行时发生扭曲，最终导致失败。

以上只是设计框架，在实际使用时，企业需要根据自身的治理结构、战略规划、组织能力等进行相应的调整。

6.5.2　激励工具组合

不同的激励工具可以组合在一起，实现更好的激励效果。例如，在跟投中加入对赌条款，可以放大激励效应。

➡ **案例**

万科跟投的劣后担当

2014 年 3 月，万科推出了项目跟投制度，2017 年修订时强化了劣后担当。具体做法是：设置门槛收益率（10％的内部收益率）和超额收益率（25％的内部收益率），保障公司优先于跟投人获得门槛收益率对应的收益。具体来说，当跟投项目内部收益率不高于门槛收益率时，需优先保障万科享有门槛收益率的收益，剩余收益（如有）再分配给跟投人；当跟投项目内部收益率高于门槛收益率但不高于超额收益率时，跟投人按出资比例分配收益；当跟投项目内部收益率高于超额收益率时，超额收益率以内对应的收益，跟投人按出资比例分配收益，超额收益率以上的收益部分，跟投人按其出资比例对应收益的 1.2 倍分配收益（见图 6-1）。

门槛收益率是万科最基本的盈利指标，一旦跟投的项目没有超过这一指标，则需要保障万科项目有序推进，超过门槛收益率时则由万科优先获得收益权，根据出资比例来取得分配收益。内部收益

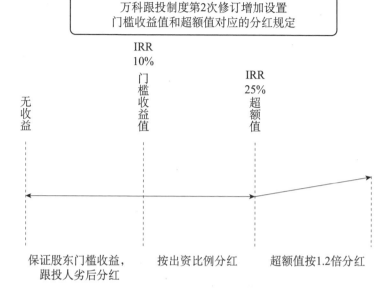

图 6-1 劣后跟投示意图

率作为反映项目实际收益率的一个指标用来界定是高于门槛收益率还是低于超额收益率。

万科称，为了促使跟投人承担更多责任，鼓励跟投人员为公司和股东创造更大价值，公司对项目跟投制度进一步修订。公司参考了各类私募股权基金中广泛应用的优先劣后分配理念，通过设置门槛收益率、超额收益率，要求跟投人以收益为限对万科承担劣后责任。修订后的跟投制度对跟投人员的要求更加严格，也更有利于保障公司和股东的利益。

第 **7** 章

合伙人退出机制

　　退出机制是保证合伙人队伍始终充满活力的一项重要机制。我们都清楚"流水不腐，户枢不蠹"，如果一个队伍只进不出，就一定会导致惰怠，造成有人躺在功劳簿上养老。因此，必须有一定的吐故纳新，才能始终激发现有合伙人的奋斗精神，才能有效吸引外部优秀人才。金字塔塔尖那么小一点，能站几个人？把塔尖削平，平台大了，站的人更多，公司内外部的人都可以来，领袖多几个，专家、管理者多站上来一批，这一定是一件好事。另外，边界消失了，与外部的能量交换就可以实现。

　　合伙人的退出机制不可或缺。不是所有的人都能永远向上成长，一个人也不是所有的时候都能保持状态最佳。万科董事会主席郁亮说："我们要打造冠军组织，始终让最好状态的人上场比赛。你在状态才能上场，如果不在状态，哪怕你身经百战，能力超强，也不能上场，因为状态不好上场就是输。不上场怎么办？在场外做啦啦队、替补、教练、顾问都行。赢了球，所有人都光荣；赢了球，所有人都分享喜悦。输了球，谁也没收获。所以，我们需要打造冠军组织，能赢球的组织，能够得第一的组织。"如何判断一个人是不是最佳状态呢？郁亮说："一定是根据业绩判断的，不赢球，什么都是零，因为赢球才是我们的第一目标。"

7.1　退出模式

内部合伙人退出分为主动退出、被动退出以及自然退出三种模式。

（1）主动退出。指合伙人主动辞职（包括辞任合伙人职务和辞去现行职务）、协商辞职导致的退出。

（2）自然退出。指因死亡、退休、丧失行为能力、结业、企业注销等不可抗力或者失能导致的退出。

（3）被动退出。指企业采取措施要求合伙人退出，违背合伙人本人意愿的退出。

合伙人退出的主要原因如表 7 - 1 所示。

表 7 - 1　退出原因归类

企业原因	合伙人原因
业务收缩	理念分歧
战略转型	能力退化
组织调整	业绩红灯
文化冲突	严重失误
	健康原因

从一开始合伙人加入时就要明确退伙条款，使其成为入伙协议中的一部分。《合伙企业法》中规定的退伙条款如下。

（1）退伙条件。合伙协议约定合伙期限的，在合伙企业存续期间，有下列情形之一的，合伙人可以退伙：

①合伙协议约定的退伙事由出现；

②经全体合伙人一致同意；

③发生合伙人难以继续参加合伙的事由；

④其他合伙人严重违反合伙协议约定的义务。

（2）通知退伙。合伙协议未约定合伙期限的，合伙人在不给合伙企业事务执行造成不利影响的情况下，可以退伙，但应当提前 30 日通知其他合伙人。

（3）退伙损失赔偿。合伙人违反《合伙企业法》第 45 条、第 46 条的规定退伙的，应当赔偿由此给合伙企业造成的损失。

（4）合伙人除名。合伙人有下列情形之一的，经其他合伙人一致同意，可以决议将其除名：

①未履行出资义务；

②因故意或者重大过失给合伙企业造成损失；

③执行合伙事务时有不正当行为；

④发生合伙协议约定的事由。

对合伙人的除名决议应当书面通知被除名人。被除名人接到除名通知之日，除名生效，被除名人退伙。被除名人对除名决议有异议的，可以自接到除名通知之日起 30 日内，向人民法院起诉。

企业可以参考上述规定，针对各类退出模式约定退出条款。

➡ **案例**

HB 集团的退伙条件约定

HB 集团的退伙条件约定如下。

（1）非负面退出，包括如下情形：

①经绩效、能力和价值观评定，任一一项连续两年为 C 的；

②因经营调整等原因，集团单方面提出解除或终止劳动合同的；

③与集团协商一致，终止或解除与集团订立的劳动合同或聘用合同的；

④到法定年龄退休且退休后不继续在集团任职的；

⑤因丧失劳动能力而与集团结束劳动关系的；

⑥死亡或宣告死亡的。

（2）负面退出，包括如下情形：

①违反国家有关法律、行政法规或《集团章程》的规定，给集团造成重大经济损失的；

②因犯罪行为被依法追究刑事责任的；

③侵占、挪用、贪污、抢夺、盗窃集团财产或严重渎职给集团造成重大损失的；

④违反集团保密制度，擅自泄露集团商业秘密和保密信息（包括但不限于将集团业务、经营、客户、技术资料和信息泄露给他人），给集团造成重大损失的；

⑤违反竞业禁止原则，损害集团利益，给集团造成较大经济损失的；

⑥侵害集团知识产权或商誉，给集团造成较大经济损失或恶劣影响的；

⑦从事其他违法违规活动和有严重违反集团规章制度或劳动合同行为的；

⑧集团合伙人大会/决议确定的其他情形。

上述退伙条件写入合伙协议中，每位合伙人签字认可。集团每年对内部合伙人进行绩效、能力和价值观的考核，对不合格的合伙人及时提出劝诫，如果第二年仍然不合格，就要退出合伙人队伍；

同时，进行动态的合伙人监察，发现违反上述情形的负面行为，及时向合伙人大会提出处理意见。这些机制有力地保证了合伙人队伍的纯洁性。

处于创业期的企业，合伙人较少，每个合伙人都很重要，在这种情况下，退出条款要针对每个合伙人来设计，细到主动和被动退出条件、约束机制等，特别是主要创始人、核心技术和业务合伙人，否则，每个合伙人的退出都可能会导致创业失败。

对外部合伙人，退出条件则主要偏向绩效和高压线行为。外部合伙人如果不能持续达到预期绩效，则意味着它不能创造价值，必须退出。例如，经销商作为外部合伙人，完不成本区域的业绩目标，连续两年都未打开市场，企业必然要考虑更换经销商。另外，如果外部合伙人有违反高压线的行为，例如串货、扰乱价格等，情况严重的，应予开除。

企业的绩效、任用管理机制是退出机制的重要支撑，它们对合伙人进行动态的评价和匹配，为合伙人管理决策提供依据。若只凭实控人本人的主观意志进行生硬的管理，可能会发生人事地震，甚至酿成持久的纠纷，这是大多数人不希望看到的。要让机制代替主观意志，企业要把绩效考核、价值观、能力评价、高压线等机制建设好，要让它们的结果发挥作用。这些机制应该成为所有合伙人的"共同语言"。

➡ **案例**

腾讯的高压线

腾讯在 2017 年发布了《阳光行为准则》，明确内部各类违规行为的管理措施，其中最严重的违规行为将被视为高压线，内容包括：

（1）弄虚作假。无论个人是否获利，任何形式的弄虚作假行为都按照违反高压线处理。

（2）收受贿赂。员工及其利益相关人（包括但不限于直系亲属）收受来自供应商、合作伙伴，以及潜在供应商或合作伙伴（包括上述主体的关联公司或特定关系人）的贿赂以及借款等其他利益，无论是否因此为对方谋取利益，都按照违反高压线处理，并依据相关法律规定进行处理。

（3）泄露机密。无论是否获取私利，泄露公司商业秘密的行为都按照违反高压线处理。

（4）不当竞争。从事与公司存在商业竞争的行为，无论是否获取经济利益，都按照违反高压线处理。

（5）利益冲突。存在与公司有利益冲突的行为，任何可能导致员工的行为与公司利益发生冲突的，都按照违反高压线处理。

（6）违纪。严重违反公司规章制度或违反法律法规的行为，都按照违反高压线处理。

为避免违反腾讯高压线的行为发生，腾讯还制定了一系列阳光申报的政策，要求员工对特定行为进行申报。据了解，腾讯内部成立有"腾讯审计监察反舞弊调查组"，从 2018 年至今，腾讯累计查处违反高压线案件 100 余起，其中 150 余人因严重违规被解聘，30 余人因涉嫌违反法律法规被依法追究刑事责任。

7.2　退出渠道

为保证退出能够平和有序地进行，对于内部合伙人，企业需要建立退出的四大渠道：

（1）辅业分流。没有辅业就创造辅业去分流，对外可以美其名曰新业务。华为有个慧通公司，做企业商旅服务，就分流了大量在主业无法继续胜任的元老。

（2）角色转换。角色转换的核心就是从执行层走向非执行层，包括进入董事会或者担任顾问。例如，小米就有好几个创始合伙人退出后担任公司顾问；美团的王慧文等元老退出后，也担任公司的高级顾问。

（3）提前退休。给予大量的金钱补偿和荣誉合伙人的身份，保持平稳过渡。这个比较常见，例如阿里巴巴的陆兆禧就担任荣誉合伙人。

（4）内部创业。腾讯和OPPO都做得比较成功，通过帮扶政策，让一部分"老人"出去创业，衍生出很多公司生态圈的合作伙伴。

开除/辞退一般是最后的选择，对于合伙人层面的人才，往往不会撕破脸走到这一步。

外部合伙人退出一般是因为业绩不达标、出现重大违规等，退伙处理一般较为刚性和直接，只要触发这些条款即可退伙，双方一般也有明确的退伙约定，照章办事即可。

7.3　退伙补偿

内部合伙人退伙时，一般要参考劳动合同法的规定和合伙协议约定的条款，给予额外的补偿，无论是主动退出还是被动退出。

补偿需要事先写到合伙协议中，其标准要比劳动合同法约定的高，并且会有很多附加条款。例如某家企业规定，无论是何种原因退伙，均给予 $n+1$ 补偿。除了薪酬之外，在长效激励方面也需要有退出方面的约定，以便退出时能够照章执行。例如项目跟投方案中明确：如员工离职而项目尚未实现盈利，员工应当继续跟投；当项目有盈利时，员工可以按照份额净值退出，也可以继续持有。

合伙人被动退出给企业造成重大损失的，可以先行赔偿，之后如有剩余再退给合伙人。当然，关于重大损失需要事先约定，并有清晰的计算方式，否则容易引起纠纷。

外部合伙人退伙一般没有劳动合同法约定的补偿，双方是合作关系，不是劳动关系。如果外部合伙人在合资公司中担任职务并签订劳动合同，一般要依照劳动合同的规定给予补偿。此外，双方的清算如有约定，可按约定给予相应补偿。

7.4　合伙人股权退出

7.4.1　创业合伙人股权退出

创业公司的发展过程中总是会遇到核心人员的变动，特别是已经持有公司股权的合伙人，如果他们退出，必须妥善处理其手中的股份，收回公司，这样才能避免因合伙人股权问题而影响公司正常经营。如果不收回，剩余的合伙人难免产生累死累活却为退出的人打工的想法，从而造成动力不足，导致企业失败。对于这种情况，需要做好以下工作。

1. 提前约定退出机制，管理好合伙人预期

提前设定股权退出机制，约定在什么阶段合伙人退出，以及退

出公司后要退回的股权和退回形式。创业公司的股权价值是所有合伙人持续服务于公司赚取的，当合伙人退出公司后，其所持的股权应该以一定的形式退出。这对继续在公司里做事的其他合伙人更公平，也利于公司的持续稳定发展。

公司创立初期，风险承受能力特别弱，一旦出现大的波动，容易导致公司倒闭。退出时机的选择无法控制，但必须有约定。一般来说，在公司创业前半年，合伙人退出并撤出资金，是公司倒闭的最直接因素。

对于这种情形，可以允许合伙人退出，但是资金不能完全撤出。一旦允许资金全额撤出，留下的合伙人的现金流压力会急剧增大。撤出资金必须约定一定比例，原则上撤出比例不超过50%。当然，对于余下的50%可以以商业借贷或股份的形式具体协商处理。

又比如，对技术性合伙人退伙可以约定：在找到技术替代人员并稳定后，才允许其撤出。

对于出钱不出力的合伙人退伙，可以从一开始就约定资金股与人力股分离，不能只依照出资比例确定股份，而是同时考虑人力因素，将资金占股与人力占股分离。

假如你和王老五成立一家公司，总投资100万元，王老五出资70万元要占股70%，作为合伙方的你会同意吗？显然这是不可接受的，不是因为你占股较少，而是股权架构不利于长期合作。这时你可以和王老五说，股份由两部分组成，一是资金股，二是人力股，两者的比例是6∶4。

资金股方面，如果总投资100万元，王老五出资70万元，占股60%×70%＝42%，你出资30万元，占股60%×30%＝18%。

人力股方面，由于只有你出力，那么你独占40%的人力股。你的股份合计就是 18%＋40%＝58%，这样才能激发参与者的活力，消除合伙人心理上的不公平感。

2. 股东中途退出，股权溢价回购

退出的合伙人的股权回购方式须提前约定，公司可以对合伙人手里的股权进行回购，回购的价格可以按照当时公司估值的价格适当溢价。

合伙股份非常讲究"人走股不走"的原则，意思是一旦合伙人离开，股份就必须转让给其他合伙人或重新进行股权分配。这完全是出于对公司整体的考虑，或许对退出者有些不公平，但是世上没有绝对的公平。

如果经营盈利，则其他合伙人可以进行溢价式回购。例如王老五想退股，当初他投入 70 万元，并参与经营。如果公司现金流大，又想稳定发展，可以约定按总资产的比例折算给王老五。如果资金流紧张，也可以按总资产折算，不过现金只可先取走一部分，剩余部分以商业借贷处理，约定还款期限。

如果经营出现亏损，那么不应支持王老五退股，或者将其股份低价处理给其他合伙人。因为公司处于下行阶段，风险很大，作为退出方也应当承担一定风险所带来的损失。合伙人不愿退股的，另行商议。

3. 设定高额违约金条款

为了防止合伙人退出公司却不同意公司回购股权，可以在股东协议中设定高额违约金的条款。部分问题及答疑如下。

（1）合伙人股权分期成熟与离职回购股权的退出机制是否可以写进公司章程？

答疑：工商部门通常要求企业用指定的章程模板，股权的退出

机制很难直接写进公司章程。但是，合伙人之间可以另外签订协议，约定股权的退出机制；公司章程与股东协议尽量不冲突；在股东协议中约定，如果公司章程与股东协议相冲突，以股东协议为准。

（2）合伙人退出时，该如何确定退出价格？

答疑：股权回购实际上就是"买断"，建议公司创始人考虑"一个原则，一个方法"。

①"一个原则"，即对于退出的合伙人，一方面可以全部或部分收回股权；另一方面必须承认合伙人的历史贡献，按照一定溢价或折价回购股权。这个基本原则不仅关系到合伙人的退出，而且关系到企业重大长远的文化建设，很重要。

②"一个方法"，即对于如何确定具体的退出价格，建议公司创始人考虑两个因素，一个是退出价格基数，一个是溢价或折价倍数。比如，可以考虑按照合伙人掏钱买股权的价格的一定溢价回购，或按照合伙人退出时可参与分配公司净资产或净利润的一定溢价回购，也可以按照公司最近一轮融资估值的一定折扣价回购。至于选取哪个退出价格基数，不同商业模式的公司会存在差异。比如，京东上市时虽然估值约300亿美元，但公司资产负债表并不太好。很多互联网新经济企业都有类似情形。

因此，如果按照合伙人退出时可参与分配公司净利润的一定溢价回购，合伙人很可能辛辛苦苦干了 N 年，退出时却净身出户；如果按照公司最近一轮融资估值的价格回购，公司又会面临很大的现金流压力。因此，具体回购价格的确定，需要分析公司具体的商业模式，既要让退出合伙人可以分享企业成长收益，又不要让公司有过大现金流压力，还要预留一定的调整空间和灵活性。

（3）如果合伙人离婚，股权应该如何处理？

答疑：近年来，离婚率上升，企业家群体离婚率偏高。婚后财产包括股权的处理，都是棘手的问题。离婚事件不仅影响到家庭，还影响到企业的发展时机。离婚还很可能导致公司实际控制人发生变更。原则上，婚姻期间财产是夫妻双方共同财产，但是夫妻双方可以另外约定财产的归属。因此，配偶之间可以签署条款，约定配偶放弃就公司股权主张任何权利。但是，出于对配偶婚姻期间贡献的认可，也为了取得配偶的认可，不至于夫妻关系由于股权关系亮红灯，他们可以自己设计条款，确保离婚配偶不干涉公司的经营决策管理，同时保障离婚配偶的经济性权利。

（4）股权发放完后，发现合伙人拿到的股权与其贡献不匹配，该如何处理？

答疑：公司股权一次性发给合伙人，但合伙人的贡献却是分期到位的，确实很容易造成股权配备与贡献不匹配。为了对冲这类风险，可以考虑：

①合伙人之间有个磨合期，是对双方负责。因此，可以"先恋爱，再结婚"。新合伙人经过考验期后，才有资格享受股权。

②在创业初期，预留较大期权池，给后期股权调整预留空间。

③股权分期成熟与回购的机制本身也可以对冲这种不确定性风险。股权不能一次给到位，而是分年成熟。比如共分 4 年授予，每年只能拿到 25％。

7.4.2　正轨期的合伙人股权退出

企业步入正轨期后，合伙人的股权是否需要退出，取决于各家企业的规定。有的要求必须退出，例如华为提出，无论合伙人何时退出，股权都必须由华为按照净资产回购；有的没有要求，合伙人无须交回股权，可以继续持有。笔者推荐采取华为的方式，股权只有集中在合伙人手中，才能最大限度激发合伙人的动力，如果流落在外部不相干的人手中，则合伙人难免产生为别人打工的想法，尤其是这个"别人"还是已经离开的人。华为的队伍之所以干劲十足，就是因为所有的股权都掌握在自己人手中，大家都是为自己打工。当然，华为这种方式是绝大部分企业无法做到的。一般企业在度过正轨期后，都会承认老合伙人的历史贡献，让他们带着股票离开。

如果合伙人享有其他非股权形式的长效激励，那么是否需要退出取决于当时的长效激励协议。

7.4.3　业务合伙人股权退出

业务合伙人退出，需要根据业务合伙的交易结构进行清算。

如果双方仅签署了合作协议，可以按照协议的约定退出。

如果业务合伙采取的是有限合伙的架构，业务合伙人本人作为有限合伙人参与投资，那么对公司而言这种风险是最小的，因为公司作为普通合伙人有完全的决策权，这时业务合伙人只要按照资产净值退出即可。双方另有约定的，可按约定执行。

如果业务合伙采取的是公司架构，业务合伙人是小股东，则程序复杂一些，即使企业拥有大股东地位，也不一定能很顺利地实现退股。如果业务合伙人不配合，就会让程序更加复杂，时间拖长了，还会产生很多纠纷。本着好合好散的原则，公司作为大股东要考虑溢价回购、高额补偿等办法，如果不可行，走到强制清算的地步也会很复杂。

业务合伙人退出，还与业务本身的期限有关。比如项目跟投形式的合伙，项目结束后就实现自然退出。如果双方对业务期限有明确的约定，也可以到期后自然终止；如果没有约定终止条件，处理起来就会比较麻烦，需要双方反复协商。

7.4.4　外部合伙人退出

外部合伙人存在降级、退伙等形式的退出模式。外部合伙人不是一下子就退伙，而是经由降级然后到退伙。毕竟开发一个合格的外部合伙人不容易，有时候其业绩不达标也可能是由于市场形势等其他因素的影响，因此，一般规定连续两年低于某一标准才启动降级机制，连续两次降级，则要退伙。

企业需要事先定好外部合伙人的考核和退出条件，当情况发生后即可启动退出机制。例如，某商贸公司对外部合伙人设定以下机制。

第一，设立考核指标。为避免出钱不出力、"吃大锅饭"的情况发生，根据年度/季度的市场规划标准设立指标。如设有销售额、利润、重点门店的打造等多个维度，将分红额乘以各维度的完成系数确定最终的分红。

第二，降低分红比例。如合伙企业出现负增长，或年增长低于10%，带头人降低分红比例，或退出后以资金入伙形式获得分红。

当真正的退伙发生时，要依据一开始签订的合伙协议进行清算。

第 8 章

合伙文化建设机制

8.1　合伙文化的内涵

　　企业文化是企业在长期生产经营和发展过程中逐渐形成的，它是企业价值观、企业精神、道德规范、群体意识和经营理念的一种综合体。有什么样的企业价值观，就有什么样的企业文化；作为管理中的软要素，企业文化的核心含义是企业价值观。现代管理学认为，企业文化是一种通过一系列活动主动塑造的文化形态，这种文化建立起来后，会成为塑造内部员工行为和关系的规范。企业文化是企业内部所有人共同遵循的价值观，对维系企业成员的统一性和凝聚力起很大的作用。

　　企业文化是一个由精神层、制度层和物质层构成的多层次生态系统，各个层次是和谐统一、相互渗透的（见图 8 - 1）。

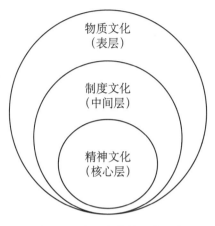

图 8-1 企业文化的三个层次

（1）表层的物质文化。物质文化指的是那些看得见、听得到、摸得着的文化形象，如企业的形象标识、员工的统一服装、口号、标语、企业的装饰、产品的外观和包装以及企业歌曲、展厅、纪念品等，是精神层的载体。

（2）中间层的制度文化。制度文化规定了企业成员在共同的工作活动中应当遵循的行为准则。主要表现在企业的规章制度、文化习惯、组织机构及内外部人际交往等方面。从实践角度看，当管理者认为某种文化需要倡导时，他可能通过培养典型人物或开展活动的形式来进行推广和传播。但要把管理者倡导的这种文化融进企业管理的全过程，变成企业员工的自觉行动，制度就成为最好的载体。

（3）核心层的精神文化。精神文化是企业员工理念的最深层，是渗透于企业员工心中的领导和员工共同信守的意识形态，是在长期的生活和工作中逐渐积淀而成的，具有牢固的基础，很难改变。精神文化包括理想信念、道德规范、价值标准、经营思想及精神风貌等，是形成企业文化的物质层和制度层的基础，是企业文化的核心和灵魂，决定着企业员工的行为，因而也就决定着企业的行为和业绩。

最核心的精神文化，借用一位大师的说法是"你忘掉一切过去刻意学习过的东西之后所剩下来的"，是员工即便忘记企业规章制度也会表现出来的行为，是最终能够成就企业的本源。

具体到合伙文化，就是"四共"理念在合伙人队伍以及企业各项经营管理中的体现。"四共"是合伙文化的核心，是所有合伙人的精神追求和行为准则，是处理合伙人相关事务的指导原则。合伙文化绝不仅仅是合伙人的文化，作为企业文化的顶层和核心，它还应该是全体员工的最高纲领，是员工所追求和奋斗的目标。在是否需要单独打造合伙文化的问题上，有的企业选择针对合伙人群体形成特有文化，有的企业选择和总体的企业文化融合在一起。

笔者咨询过的 HB 集团，没有单独打造合伙文化，而是将合伙文化融合到整体的企业文化当中。"共识、共创、共担、共享"的理念分别内化到"合作、开放、实干"等价值观当中，并通过合伙人标准、评价等机制将这些理念落地。

➡ 案例

万科合伙人文化机制——信任文化＋协同文化＋去金字塔化

事业合伙人彻底改变了万科原来的公司文化，郁亮说："万科过去是一家精英化的公司，但是我们准备去精英化。刚开始建立合伙人制度，有人居然说要分高级合伙人和低级合伙人，被我骂了回去。合伙人还要分高级低级吗？这完全是金字塔结构，而不是互联网的去中心化结构、扁平化管理。"

郁亮说，建设与事业合伙人匹配的公司文化，首先要建立信任,合伙人制度要有"背靠背的信任";第二要建立协同性,基于利益的一致才有互相支持配合的协同性。有了这些,万科才可以超越短期绩效,向成为健康组织的方向靠拢。对于万科来说,保持一种"失控"式的机敏和开放,是推动事业合伙人重大改革的全部理由。

8.2　合伙文化如何落地

在合伙机制落地推行中,文化建设同样重要。如何构建让每个合伙人都能参与到合伙机制中的奋斗者文化?

1. 建立企业文化

企业向往什么?追求什么?主张什么?反对什么?这些都通过企业文化表现出来。我们也许可以从华为的经验中获得一些启示。华为致力于"把一个与时俱进的价值罗盘置于每一个人的心里,从而使老板与员工的思维方式和行为方式有一个共同的始发点,达成一定的心理契约"。其最终呈现的形式已不重要,重要的是,企业的核心领导人对企业管理的方方面面进行了系统深入的思考、争论并最终达成共识形成文字材料,这样的过程必定会影响到日后企业经营管理工作的各个方面。阿里巴巴建立了文化价值观的评价标准和规则,定期对全员进行考核。让员工认同企业文化,核心是通过文化规范,牵引大家朝着企业向往的方向发展。

2. 高层以身作则

俗话说,上梁不正下梁歪,一定要让员工知道管理者是怎么想的,怎么做的。在这点上,以任正非为代表的高管确实在信仰自己的文化，这是文化的一个重要组成部分。如果高层都不认同自己企业的文化，基层怎么会认同？任正非到现在还没有专门司机和专车，他说，我要有专车司机，董事长就得有，董事长有，公司高层EMT（经营高管团队）成员就得有，EMT有，那些大大小小的官就不平衡，企业就变成车队了。任正非在月底要干一件事，把自己的手机通话记录打印出来，带上老花镜检查，这个电话打给夫人的，不能报销，那个电话处理的是私事，也不能报销，能报销的则划上钩。有人说他作秀，但他已经这样做了8年。合伙人必须严于律己，带头践行公司的企业文化。不少企业开发了360度评估问卷来衡量评价合伙人，并为他们制定了较高的评分标准。例如普通员工要求评分达到3分，合伙人则要求达到3.5分。

3. 持续的全员文化宣导和传承

企业文化是个系统工程，绝不是说做好哪一项工作就能实现的，那是机会主义的想法。企业文化的传承靠的是制度杠杆，以使每个企业人有文化。而360度评估在其中发挥了主要作用，且形成了一个机制。

宣导时采用3S原则，可以获得更好的效果。

（1）符号化（symbolization）。人们对于直观事物（如具体形象）的记忆，总是要强于非直观事物（如文字等）的记忆。因此，对企业文化进行可视化呈现，能够帮助广大员工更好地记忆和理解。很多企业在进行企业文化推广时，都会进行VI（视觉识别系统）设计，将企业文化元素更好地融入其中。

比如，常见的企业文化海报对行为锚定进行诠释和强化，也可以将每个价值观匹配一个动物来进行类比强化。比如，早期腾讯的企业文化常用四个动物来类比。

（2）故事化（story）。故事是最容易被大家记住的，也是最容易广泛流传的。在传播企业文化的过程中，可以收集内部题材，以故事形式进行呈现，在组织内部传播，引起文化共鸣。

很多深谙传播原理的高手都特别擅长讲故事。业内做得比较好的一个案例就是龙湖物业。细节服务意识是龙湖物业的企业文化，企业在传播其文化时汇总了很多自己的故事，一个个故事不仅在企业内部形成共鸣，而且成为龙湖物业的一个品牌特色。

（3）场景化（scene）。如果你想知道一家企业的企业文化，就去看看这家企业有什么样的仪式，企业中的仪式是企业文化的体现，企业文化的传播离不开仪式。传播和强化企业文化，需要建立各种仪式，要让员工有仪式感。而仪式感的建立需要用互联网的思维，抓住关键场景。

4. 通过制度牵引

埃德加·沙因说过：企业文化是制度之母。企业文化最核心、最关键的是通过制度使文化落地，企业的制度要为企业文化提供强有力的支撑，使之充满活力。企业的基本准则是很厚的一本书，里面有各种基本的行为准则，把文化阐述得清清楚楚。企业制定绩效考核、薪酬激励、奖惩等制度，通过公平的价值评价和价值分配，使员工形成合理的预期，让他们相信各尽所能后会有合理的回报。

制度中最重要的是激励制度，激励制度要做到让认同者得到机遇、鼓励、好的回报，让怀疑者得到激励，让反对者被孤立。这样就形成一个机制，令企业文化得到保护。好的企业文化会吸引更多的人加盟，而那些孤立者最终的选择是退出。

5. 文化的落地还需要考核

例如，华为的文化是考核出来的，不是培训出来的。通过考核可以使每个人真正认同文化。华为将文化融入了劳动态度考核，考核一视同仁，上到领导者，下到基层团队成员，无一例外。

华为的劳动态度考核使用的是关键事件法，不是靠主管打分，而是用关键事件来推证。一个团队成员说，我特别有责任心，主管拿出关键事件记录，某月某日交给你一个任务，你给忘了，造成多大的后果。这就是关键事件法对文化的考核。

多长时间考核一次？一个季度考核一次，第五次是总评，得出一个总分。华为的这项考核已坚持了十几年。

考核完了怎么办？考核结果和退休金挂钩。退休金不主要取决于你在华为的工龄，而主要取决于你在华为劳动态度考核的结果，取决于晋升。考核直接与个人利益挂钩，工资、奖金拿多少，股金拿多少，以及今年配给你多少股，都跟劳动态度考核有关，这就产生了一个机制。

当然，不是每个人都认同华为文化。华为的理念是不认同没关系，给你一种力量让你认同，而且让认同变成一种自觉的行动。

一些企业的文化为什么不好？因为认同文化的人总吃亏。谁认同谁吃亏，谁还认同公司的文化，谁还会在一线为客户玩命地工作。

8.3　实控人在文化塑造过程中的角色

实控人等高层领导是企业精神的缔造者、制度的维护者、企业行为的带头人、对外传播的代言人。企业文化最核心的精神层面，包括追求、愿景、价值观、工作准则，都来源于领导者。松下幸之助创造了一套被企业家奉为圭臬的经营哲学。他喜欢在自家院子里接待部下，会一起散步，边走边聊，"自来水哲学""水库式经营方式"就是这么相互启发出来的，因此，松下先生被称为"爱说教的松下"。要成为一名松下人，必须聆听这些说教。如果企业家不能在文化上说服成员，团队就有解散的危险。

某权威机构曾经对公众眼里的企业家形象做过一项调查，50％的人认为企业家形象与企业形象是密不可分的。王石之于万科，任正非之于华为，柳传志之于联想，张瑞敏之于海尔，无不是其企业最好的文化代言人。

有些企业之所以没有形成优秀的文化，是因为企业家没有重视自身的文化源泉、文化维护、文化表率、文化品牌的作用，企业家需要切实地将文化当作一把手工程。

创始人的信仰和价值观在企业发展过程中起着重要作用，使企业团队充满活力，并推动公司朝着预定目标前进。企业创始人往往有强大的理论知识以指导公司运行，而且这些理论在一定程度上得到了验证。如果创始人的理论假设是错误的，企业在早期就会遭遇失败；如果理论假设是正确的，组织就会变得更强大。

领导者并非有意识地将某种认识、思维和情感方式教给初创团队。对于做什么以及如何做有着深入的思考，正是企业家思维的本质使然。创始人能够很清晰地表达关于团队应该如何做的观点，并且会挑选与他们的假设相一致的人作为同事和下属。领导者和创始团队在团队形成初期都会很焦虑，渴望寻求解决问题的方案。领导者的提议总是在团队形成初期极受重视。

初创期的企业不能容忍模糊性和差异性。在任何新组织的早期阶段，可能出现因为想法不同造成冲突，导致员工离职的情况，创造和谐的氛围受到重视。

必须指出的是，环境的变化会使创始人的理论跟不上形势，导致公司的发展偏离方向，因此，适时地对文化进行变革十分必要。这个时候，企业创始人甚至要让出自己的位置，如果创始人继续掌控公司，变革的过程就会异常艰难。

在组织文化建设中，有两件事情需要领导层去考虑和明确：公司提倡什么和反对什么。对此，需要达到三个统一。

（1）老板和核心高管之间的统一；

（2）核心高管与中基层管理者之间的统一；

（3）管理层和员工层之间的统一。

对这部分内容切忌好高骛远、东施效颦，不需要太多内容，紧贴公司实际情况即可，也不要盲目学习成熟体系的文化内容和要求，企业文化的底层逻辑一定是随着业务的成熟发展起来的。

在文化建设中，实控人特别要关注以下几点。

（1）愿景和使命。愿景和使命解决的是公司相信什么的问题，也就是一种共同信念。这个内容的提炼非常考验核心高层，特别是老板的心性和格局，以及对于公司业务的理解和未来发展方向的展望。它基于对过去的成功经验的总结，包括新加入高管带来的新的信念。它是一群人的集体潜意识，在遇到争执不下的业务难题和企业经营问题的时候，多半靠它来渡过难关。

（2）核心价值观。是企业倡导什么、反对什么、赞赏什么、批判什么的基本原则。核心价值观在企业的文化体系中处于核心地位，是企业的灵魂，包括如下内容。

①创业的亮点与奋斗故事。

②优秀同行的文化管理办法。

③那些年我们吹过的牛（实现了的）和走过的坑。

④业务发展需要什么样的精神支撑和人员素质。

　　组织文化的氛围就是看关键领导者提倡什么和反对什么，领路人的角色很关键，上行下效是普遍的现象。传播正能量、树立正面标杆要付出辛劳，还要考量管理者的心性和胸怀。

　　管理者是否能正确引导，是组织文化能否落地的重要因素。任正非说："我若贪生怕死，怎么让你们冲锋陷阵？"

　　（3）价值观考评与内部管理机制挂钩。价值观必须能考评，考评的结果和人才的机会、薪酬等挂钩。

　　在阿里巴巴，如果价值观考核结果是 C 档，员工会被列入不合格名单中，有辞退的风险。相反，如果价值观考核优秀，则员工会获得优先晋升、涨工资等多种机会。

第 9 章

合伙人制落地推行

9.1　麦肯锡关于推行合伙人制的忠告

在经济新常态下，企业需要构建稳定与灵活兼备、反应敏捷的组织，传统企业面临的最大挑战往往是如何激励核心人才发挥主动性和能动性，为企业持续创造价值。合伙人制无疑是解决这些问题的有效途径之一。为了确保合伙人制落地成功，企业首先应从全局出发，想清楚目的、人选、激励和治理结构四大问题；其次应避免目的太多太复杂、"一刀切"的甄选标准、过度依赖股权激励等六大常见误区；更重要的是，合伙人制转型要突出风险共担、核心能力建设和打造平台组织这三大重点。

1. 思考四个问题

合伙人制转型是一项系统工程，需要通盘考量。企业需要认真思考图 9-1 中的四个问题来帮助理清思路，加快从零起步。

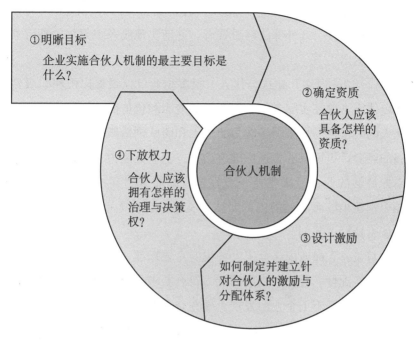

图 9 - 1　合伙人制转型从四大问题开始

2. 避免陷入六个误区

合伙人各项机制设计应当避免陷入六个误区。

（1）目的太多太复杂。企业常常寄希望于"毕其功于一役"，合伙人制确实能一举达到多重目的，比如留住核心人才、提升团队士气和积极性、稳固关键决策权、减少管理层与资产所有者之间的摩擦、实控人逐步退出，等等。然而，目的越是复杂多元，转型过程中左右为难的问题就越多，这就导致决策难以推进。相反，那些在转型伊始就能明确首要目的的企业，转型效果往往很明显。

对策：聚焦于关键的一个目的，最多不超过两个。比如笔者所咨询的一家地产集团，其创始人希望实现个人的稳步退出，把集团改造成一个社会化企业，因此其目的是先引入内部合伙人作为股东，然后陆续引入外部战略投资者，逐渐实现股东多元化，最后本人从容退出。

（2）"一刀切"甄选合伙人。很多企业仅仅根据岗位和职级甄选合伙人，这在实际工作中将会造成能力和价值的不匹配。提拔合伙人的终极目的是激励有能力的个人和团队创造新价值。根据麦肯锡的经验，更可取的甄选标准应该是：①业务能力。该合伙人能否掌握足够的业务量来支持企业发展，即能否"共担"。②领导力。能否构建果敢而忠诚的内部团队来支撑该合伙人业务的长期发展，即能否持续"共创"。

对策：人岗匹配是合伙人选拔的主要标准，同时要注意潜力和组织的匹配性。合伙人当前的能力符合要求，但如果潜力不足，未来很有可能跟不上企业的发展。现在企业越来越注重潜力，就是为了应对VUCA（变幻莫测）时代的挑战。对合伙人的选拔需要反复斟酌，有必要的话，可以聘请咨询公司进行专门的人才评价。

（3）股权激励是万能妙药。股权激励授予合伙人分红的权利，但是它并非处处适用。例如，股价过高反而会降低合伙人购买股权的积极性，非上市公司的退出困难抑制了股权的激励作用，发展阶段的上市企业需要平衡老将新兵的利益。因此，激励体系应与其他手段相结合。如麦肯锡公司合伙人的薪酬由底薪、绩效奖金以及股权分红三部分组成，其中，级别相同的合伙人底薪基本相同，绩效奖金和股权分红则会根据合伙人的综合表现而定，确保大集体和小个人利益的平衡。又如，万科在股权激励的基础上增设项目跟投分红，以短期激励补充长期激励。

对策：股权激励不能等同于合伙人激励，这一点我们在前面已经多次提及。合伙人激励必须遵循"增量激励、动态激励、分类激励"的原则，尽量不采用实股激励。

（4）权力全面下放。建立合伙人制的目的是将决策权尽量下放到一线团队，但是在实际操作中应该注意分层、分类决策，企业有必要建立权责清单。核心事项仍应由董事会决策，包括公司战略方向、重大人事和投资事项等。即便是非核心事项，成熟业务与不成熟业务也要区别对待。对于成熟业务，站在市场最前线的合伙人应被充分授权，要确保让听到炮火声的人及时决策；对于不成熟业务，可以通过打造标杆项目的方式集中建立流程和提高团队能力，待成熟后再参照成熟业务来治理。

对策：分权应做到分级授权、弹性管理。合伙人的定位不同，可获得的权限也应该不同。另外，实控人本人是否加入合伙人组织，也是一个十分重要的影响因素。各级合伙人组织在获得授权后如果运行良好，可以考虑逐渐加大授权，反之应当缩小甚至收回，对授权也要动态管理。

（5）价值共享＝利润分配。合伙人制的本质不仅仅是利润分配，更关键的是价值共享，特别是技能、知识、经验等的共享。很多企业并不能明确定义自己所创造的价值。一种常见的错误是将价值等同于会计利润。以购物中心为例，价值创造不仅包括每年的租金和多种经营收益，还包括由此产生的物业增值。上市公司的价值创造不仅包括财务报表所反映的当期利润分红，还包括整体市值的增加。另一个常见的问题是价值创造的衡量标准不够简单明了。最佳实践是设立明确标准的尺子，由合伙人自己丈量，次优做法是由公司按期评估并公布。

对策：企业应对经济价值采取更全面的视角，选用衡量价值增量的准确方法，并取得合伙人的共识。例如，自然增值的部分不应纳入合伙人价值创造部分进行分享。

（6）忽视价值观共享。很多企业在合伙人制转型的过程中过于强调价值共享而不重视价值观共享。从长期来看卓越的企业是以共享的价值观来驱动的。合伙人制应该写入公司章程，使其成为公司文化和价值观的一部分，这样有助于指导合伙人和各级员工的行为，尤其在模棱两可的情况下，能够加快决策并形成统一的行动方向，为转型的顺利落地提供保障。

对策：价值观应当明确标准和考核办法，对全体合伙人进行定期考核。比如，阿里巴巴提炼出"新六脉神剑"，明确了行为表现和计分标准，每年对全体员工进行考核。这种"虚事实做"的办法真正让价值观落地了。

3. 突出三个重点

合伙人各项机制设计应当突出三个重点。

（1）强调风险共担。共担是合伙人各项理念的核心。比如房地产项目投资高、风险高，风险共担是建立合伙人制的关键目的，以便达到股东和合伙人之间利益和风险的平衡互补。项目跟投是一个行之有效的办法，具体而言就是强制土地拓展部门、城市和项目负责人跟投相关项目，成为股东的合伙人，并站在股东的立场维护投资利益并承担相应风险。跟投是共创、共担、共享，但不少企业忽视了共担，例如，跟投的时间滞后于拿地时间，或由于执行不到位使强制跟投变成了非强制跟投。

（2）建设核心能力。核心能力是企业持续取胜的基础，合伙人机制的打造必须有助于企业强化核心能力。比如合伙人的选拔和退出机制必须保证合伙人能够动态吐故纳新，持续提升能力，而不是让合伙人以为进了保险箱。在促进合伙人个人提升能力的同时，还要推动合伙人不断固化优秀实践，提炼业务经验，将之转化为组织能力。

（3）打造平台组织。做强平台，强化其对各业务的支撑。平台要成为各业务的强大后盾，能够在战略上指导、在运作上提供炮火支援，即使做不到，平台也不应成为业务运作的阻碍。平台组织与合伙人制是相伴相生的，好的平台组织能够有效承载合伙人制的运作。

4. 实现八大转型

综上所述，合伙人制转型是一项系统工程，实控人的决心是确保转型成功的重要前提。转型要先转变观念，实控人在观念上要实现八大转型（见表 9-1）。

表 9-1　八大转型

转型前	转型后
我的	我们的
老板文化	组织文化
老板个人主观评价	客观综合评价
敬畏老板	敬畏组织规则
个人能力	群体能力
盯着人	盯着体系建设
对老板负责	对组织负责
个人事业	共同事业

第一，从所有权的角度看，过去企业是"我的"，现在是"我们的"。

第二，从组织文化的角度看，过去是老板文化，现在要打造共享文化。

第三，从价值评价体的角度看，过去是老板评价个人，现在一定要建立客观公正的评价体系。

第四，从组织规则敬畏感的角度看，过去敬畏老板，现在要敬畏组织规则，敬畏法则体系。

第五，从企业决策与智慧源泉的角度看，过去的决策靠老板个人，现在要运用群体智慧。

第六，从实控人的关注重心的角度看，过去实控人关注的是人，现在关注的是人背后的机制、制度建设。

第七，从责任体系的角度看，过去是对老板负责，现在是对组织负责。

第八，从人生价值目标追求的角度看，过去追求做生意，现在是做事业。

实控人首先要在观念上实现转型，否则合伙人制这套体系和原有方式会产生很大冲突，这是第一个必须要改变的。之后，实控人带动核心团队进行观念转型，并探索合伙人制的设计。这个过程可请外部咨询顾问介入，因为合伙人制设计需要突破很多敏感问题，而实控人和内部人不好直接沟通，顾问作为独立第三方，可以客观中立地处理敏感问题。很多企业的这一步迈不出去，主要是因为最开始的敏感问题无法有效沟通。老板会认为我已经很有诚意了，合伙人团队还将信将疑。这时外部顾问如果能将两边的想法做有效的澄清与对接，就能推动达成共识。另外，顾问较专业，可对各类方案的设计、推行进行有效的把关和辅导。

9.2　合伙人制推行的破与立

很多企业之前是公司制，现在要推行合伙人制，这种过渡绝不是平稳顺利的，需要先破后立。怎么破呢？笔者建议，先让一帮合伙人倒倒苦水，把之前体制中的不合理之处加以批判。一定要营造一种开放和去中心化的文化氛围，让每个人把自己看到的企业问题和对未来的看法讲出来。老板最好带头反思过去机制的弊端，引导大家敞开心扉，畅所欲言，并与过去的体制告别。

破的同时要立。大家在反思的同时要提出解决方案，提出新的合伙人制下的思路。有的企业会研讨合伙人方案、章程等，这个过程可能会经历多轮，一两次讨论可能不是很充分，需要多次研讨。在这种新的机制下，合伙人都会很亢奋，只要气氛被调动起来，大家会积极发言，甚至出现争论。这种情况是良性的，实控人和企业对此应当鼓励。当最终的合伙人章程确定后，企业需要举行一个正式的仪式予以确认，所有的合伙人一起宣誓。宣誓很庄严，各位合伙人在心理上会产生高度的组织承诺。

合伙人制确立后，还要有一系列的配套机制，例如权责机制、组织架构、制度修订等。权责机制方面，需要进一步向合伙人授权，增强合伙人自主管理的能力；组织架构方面，要允许合伙人自由组建团队、人员自由组合等；制度修订方面，要对照合伙人章程，检查制度与章程的一致性。

9.3　用科特变革模型推进变革

我们推荐采用管理大师科特提出的变革模型（见图 9-2）来稳

妥推进合伙人制。推行前，实控人一定要有全局意识、系统思考，推进时还需要把握章法节奏，华为称之为"三阶八步"。

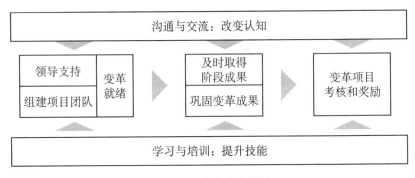

图 9-2 科特变革模型

变革的时候，我们往往先看这张图中间的"硬体"部分。

一般来说，推动合伙人制变革的老大是谁？必须是实控人，董事长和 CEO 都不行。在华为是任正非和孙亚芳，叫作"左非右芳"；在阿里巴巴就是马云和彭蕾，叫作"左云右蕾"。实控人要和顾问一起组建项目组，把准备工作做好。

第一阶段（准备阶段）有三项工作：①领导支持；②组建项目团队；③变革就绪。

变革一旦启动，就要保证在 3～6 个月之内必须有可见的短期绩效，如果超过 6 个月没有短期可见的阶段性成效，变革大多会失败。

因为大家的耐心是有限度的。人都有惯性，组织也是，所以在变革过程中要先有初步战果，再不断巩固战果。

第二个阶段（实施阶段）有两项工作：④及时取得阶段成果；⑤巩固变革成果。

这个变革过程无论做得好还是不好，都必须进行评价。做得好，要给予奖励；做得不好，要适当惩戒。

第三阶段（评估阶段）有一项工作：⑥变革项目考核和奖励。

上面六项工作就是变革中的"硬体"部分，但仅做好这些工作是不够的。很多企业请咨询公司帮助推进组织变革，结果失败了，很有可能就是只采取了硬套路。

为了达到立竿见影的效果，大多数企业缺少或轻视了两个关键的"软体"：⑦通过深度沟通与交流改变认知；⑧通过学习与培训提升技能。这两者要贯穿变革过程的始终。

成年人很不容易被改变，所以要通过深度的沟通与交流去改变其认知。还要通过学习与培训来提升技能，掌握新工具、新方法，因为原来的套路不对了。

这两项工作都是"软性"的，但是中国企业变革时特别喜欢强行推进：流程不行，改流程；制度不行，改制度。实际上人是第一位的，要把人的工作做好。

这就要求企业家本人有变革的决心和毅力，所有的中高层管理者参与进来。人的工作做得越好，变革就越容易推动。在充分讨论的基础上，实控人拍板决策，确保变革突破重重阻力坚定不移地执行。

参考文献

[1] 张维迎. 如何发挥企业家精神推动经济增长 [J]. 中国房地产，2017（2）：9.

[2] 秦芳菊. 公司治理模式的再审视——以阿里巴巴合伙人制度为视角 [J]. 中国社会科学院研究生院学报，2016（2）：73 - 77.

[3] 李维安. 阿里上市与网络治理模式创新 [J]. 南开管理评论，2014（2）：1.

[4] 马一. 股权稀释过程中公司控制权保持：法律途径与边界以双层股权结构和马云"中国合伙人制"为研究对象 [J]. 中外法学，2014（3）：714 - 729.

[5] 高闯，郭斌，赵晶. 上市公司终极股东双重控制链的生成及其演化机制——基于组织惯例演化视角的分析框架 [J]. 管理世界，2012（11）：156 - 169.

[6] 邓峰. 董事会制度的起源、演进与中国的学习 [J]. 中国社会科学，2011（1）：164 - 176.

[7] 李怡. 我国民营上市公司创始人控制权保护法律研究 [D]. 华南理工大学，2015.

[8] 张梦雅. 上市公司双重股权结构的研究 [D]. 北京外国语大学，2014.

［9］MORTEN BENNEDSEN，KASPER MEISNER NIELSEN，THOMAS VESTER NIELSEN. Private contracting and corporate governance：evidence from the provision of tag-along rights in Brazil［J］. Journal of Corporate Finance，2012，18（4）：904-918.

［10］邱威棋. 阿里巴巴集团"湖畔合伙人制"的案例分析［J］. 北京市经济管理干部学院学报，2015（1）：46-50. http：//dy. doi. org/10. 3969/j. issn. 1008-7222. 2015. 01. 008.

［11］刘昊. 阿里巴巴集团"合伙人制度"对大学生创业公司股权结构设计的启示探究［J］. 中国市场，2015（49）：116-117. http：//dy. doi. org/10. 13939/j. cnki. zgsc. 2015. 49. 116.

［12］孙玉敏. "事业合伙人"照进万科现实［J］. 上海国资，2016（3）：70-71.

［13］吴国鼎. 万科式合伙≠内部人控制［J］. 董事会，2016（9）：46-47.

［14］马广奇，王欢. 万科股权之殇：与阿里巴巴合伙人制度的比较［J］. 海南金融，2016（11）：74-77.

［15］科特，赫斯克特. 企业文化与经营业绩［M］. 李晓涛，等译. 北京：华夏出版社，1997.

［16］吴春波. 华为的素质模型和任职资格管理体系［J］. 中国人力资源开发，2010（8）：62-66.

［17］IT时代. 华为的人才管理智慧［J］. 人才资源开发，2015（21）：74-75.

［18］谷向东，郑日昌. 基于胜任特征的人才测评［J］. 心理与行为研究，2004（4）：634-639.

［19］程新生. 公司治理、内部控制、组织结构互动关系研究

[J]. 会计研究，2004（4）：13-17，96.

[20] 顾斌，周立烨. 我国上市公司股权激励实施效果的研究 [J]. 会计研究，2007（2）：79-84.

[21] 卢美月，张文贤. 企业文化与组织绩效关系研究 [J]. 南开管理评论，2006（6）：28-32，69.

[22] 陈春花，刘祯. 阿里巴巴：用价值观领导"非正式经济事业" [J]. 管理学报，2013，10（1）：22.

[23] 李宏. 从"独孤九剑"到"六脉神剑"——阿里巴巴绩效考核环节分析 [J]. 商情，2015.

[24] 施胜文. 华为如何开展人力资源管理变革 [J]. IT 时代周刊，2005（14）：58-59.

[25] Kanoria S，Muzaffar H. 麦肯锡解读房地产的投资之道. https：//www. mckinsey. com. cn/.

[26] 张海濛，唐蓓，邓飞. 民营地产企业合伙人制探索. https：//www. mckinsey. com. cn/.

图书在版编目（CIP）数据

合伙：事业倍增密码 / 石伟，孙健，金奕著 . --
北京：中国人民大学出版社，2021.1
　ISBN 978-7-300-28752-2

　Ⅰ . ①合… Ⅱ . ①石… ②孙… ③金… Ⅲ . ①合伙企
业—企业管理 Ⅳ . ①F276.2

中国版本图书馆 CIP 数据核字（2020）第 220475 号

合伙：事业倍增密码

石伟　孙健　金奕　著

Hehuo：Shiye Beizeng Mima

出版发行	中国人民大学出版社	
社　　址	北京中关村大街 31 号	**邮政编码**　100080
电　　话	010 - 62511242（总编室）	010 - 62511770（质管部）
	010 - 82501766（邮购部）	010 - 62514148（门市部）
	010 - 62515195（发行公司）	010 - 62515275（盗版举报）
网　　址	http://www.crup.com.cn	
经　　销	新华书店	
印　　刷	北京联兴盛业印刷股份有限公司	
规　　格	148mm×210mm　32 开本	**版　　次**　2021 年 1 月第 1 版
印　　张	8 插页 2	**印　　次**　2021 年 1 月第 1 次印刷
字　　数	181 000	**定　　价**　59.00 元